创业的国度

——以色列经济奇迹的启示

[美] 丹 · 塞诺
[以] 索尔 · 辛格　著
王跃红　韩君宜　译

中信出版社

图书在版编目（CIP）数据

创业的国度：以色列经济奇迹的启示 /（美）塞诺，（以）辛格著；王跃红，韩君宜译.
—北京：中信出版社，2010.9（2023.11重印）
书名原文：Start-Up Nation:The Story of Israel's Economic Miracle
ISBN 978-7-5086-2285-9

I. 创… II. ①塞… ②辛… ③王… ④韩… III. 经济发展－成就－以色列 IV. F138.24

中国版本图书馆 CIP 数据核字（2010）第 161043 号

创业的国度——以色列经济奇迹的启示
CHUANGYE DE GUODU

著　　者：[美] 丹・塞诺　[以]索尔・辛格
译　　者：王跃红　韩君宜
特约审稿：陈贻绎
策划推广：中信出版社（China CITIC Press）
出版发行：中信出版集团股份有限公司（北京市朝阳区东三环北路27号嘉铭中心　邮编　100020）
（CITIC Publishing Group）
承 印 者：北京通州皇家印刷厂
开　　本：787mm×1092mm　1/16　　印　　张：16　　字　　数：220 千字
版　　次：2010 年 9 月第 1 版　　印　　次：2023 年11月第63 次印刷
京权图字：01-2010-2375
书　　号：ISBN 978-7-5086-2285-9/F・2069
定　　价：35.00 元

http: //www.publish.citic.com　服务传真：010-84849000
E-mail: sales@citicpub.com
author@citicpub.com

《创新书系》序

“先除掉你自己眼中的障碍，才能看得清并拨掉你兄弟眼中的尘埃。”

G · 伯克利

“创新”，将是很长一段时期实现“中国梦”的主旋律。中信出版集团和泰达 –（大津经济技术开发区）合作出版《创新书系》，其意义套用一句话来说，就是“怎样估计也不会过高”。

双方合作搞这项理论和文化工程，有其显见的必然性和迫切性。必然性是指三十多年来，在中国改革开放大业中，天津开发区作为第一代特殊经济区，是这种发展模式的缩影，在聚集全球资源、谋求高速经济增长方面取得了瞩目的成就。但勿庸讳言，这种主要靠要素投入推动经济增长的模式，已接近了所能达到的极限。面对现实，国人已经逐渐认识到，经济增长并不能与经济发展，特别是持续发展直接画等号，增长靠投入，有极限，发展靠创新，才能不断进入新的境界。

其实，系统的创新理论并不是近期才被阐发，之所以在当前越来越重要，正是因为中国经济发展已经进入到特定阶段，与创新理论亟为对位，这就是迫切性。在这个意义上说，《创新书系》是一种新的启蒙。但重温经典，读书破万卷，与前贤对话，关键是要从书中走出来，并自出见解，指引实践，把中国的事办好。

如果说创新要有中国特色的话，那么除了中央早已归纳的“自主创新”，“集成创新”，“引进、消化、吸收以后的再创新”之外，在具体操作中当是注重“两面一点”。

创新、市场创新，这无须多说。一个企业要想发展 ，要想在市场竞争中立足，就必须有创新的实际行动，而无论走“自主”还是“集成”还是“消化吸收”哪条道路；在中观和宏观层面以政府和行业组织为载体，致力于资源配置创新和组织创新，也可以称之为体制创新——“体”，行政和管理主体，“制”——制度和机制，即中观和宏观要创造出对位的环境，鼓励和支持微观上企业的创新。而“一点”，就是创新的主体是企业家，或称企业家群体(企业家与在企业里作官不是一回事)。现在已经无须遮掩，企业的创新一定要由企业家来引领，让有能力、有社会责任感的企业家成为社会的中坚，这是市场经济的圭臬，也恰恰是组织创新(体新创新)要解决的核心问题。舍此建设创新型国家无从谈起。

本《书系》尽可能扩大涉及面，使读者在阅读各类书籍时可以各取所需。但本书系定位不是畅销小说，读者群在某种程度上可以说是特定的。《书系》的出版合作者希望中国的各类特殊经济区不管现在发展到什么程度，都来关心这个书系。尽管“批判的武器不能代替武器的批判”，但上阵没有武器或武库贫乏也是可悲的事情。

创新是推动中国科学发展、实现中国梦的充分必要条件，是为序。

泰达创新工作室

目录

序言

人们总是喜欢回忆，而不喜欢想象。留在我们记忆中的是熟悉的事物，存在想象中的则是未知的事物。想象也许令人恐惧——这得冒着探索未知的风险。

一个新生的以色列的种子萌发于一个被驱逐的民族的想象力。而这段被驱逐的时间极其漫长，达2 000年之久。驱逐使犹太人失去了故土，只留下祈祷。然而，正是持之以恒的祈祷孕育了犹太人的希望，维系了犹太人与祖辈的土地之间的联系。

随着以色列的建国，人们将这一伟大的祈祷植根于一片小小的土地之中。这片土壤倔强不屈，然而这里的环境却充满仇视。一路从埃及到以色列，我们穿越了茫茫荒沙，回到了沙漠之中的家。我们必须从头再来。作为一个贫困的民族来到这片贫瘠的土地，我们必须在贫瘠中发现财富。

我们唯一能够自由支配的资本就是人。这片不毛之地不会折服于金融发展，而只会折服于索求甚少、勇于开拓的人们。他们创造了新的生活方式：基布兹（kibbutz，集体农场）、莫夏夫（moshav，土地私有、个人劳动、共同销售的农业合作居民点）、建立了城镇和定居点。他们开凿挖掘、辛勤劳动，对自身的要求近乎苛刻；但是，他们也憧憬着、开创着……

这是一个有理想、有知识的民族，然而，他们宁愿用自己的双手耕耘这片土地。当发现土地贫瘠、水源不足时，他们转向了科技与创造。

基布兹成了孵化器，农民成了科学家：高科技在以色列萌发于农业。尽管土地面积小，水源有限，但是以色列仍然成了农业领头羊。在许多人仍旧错误地认为农业就意味着科技含量低的同时，以色列却有着令人惊叹的农业生产力，其中科技的贡献率达到了95%。

充满敌视的环境并没有消停。在过去的62年间，以色列遭受了7次攻击，并处于层层外交和经济封锁之中，同时缺乏其他国家的兵力援助。我们战胜大量高端武器的唯一途径就是用勇气和技术占得先机。

以色列所孕育的创造力与我们国土的面积不成比例，但却与我们面临的危险相当。而且，国防安全方面的创造力为民用工业的发展奠定了基础。军事发展往往具有双重目标。例如，航空技术既能够运用于民用工业，也能运用于军事工业；两者携手并进，成为科技的孵化器，让许多年轻人能够接触到精密的设备，并获得管理经验。

就国土面积和人口数量而言，以色列总是显得很小，所以，我们不会成为很大的市场或是发展非常大的工业。尽管大可以创造规模效应，但是小也带来了发展高精尖的良机。以色列唯一的选择从来就是创造性地追求质量。

本-古里安曾说："所有专家都是现存事物方面的专家，没有人是未来事物的专家。"要成为未来的专家，远见必须取代经验。

我相信未来10年将是科技和工业领域发展最为令人惊叹的10年。而这将是以下领域共同发展的结果：

首先是人工智能的兴起。在过去的25年间，计算机的性能已经增长了上百万倍。

第二，世界上越来越多的科学家（主要来自中国和印度），伴随着技术的进步，将带来井喷式的科学发现。

第三，纳米技术的到来将使人脑解析成为可能，而人类的大脑是宇宙之中最令人叹为观止的。这将展示人类的潜能，开发交流系统，并将产生我们目前无法想象的社会性挑战。

我们将能够看到远超过今天的视野的景观，我们将能够克服并预防疾病，我们将能够战胜艰难险阻；遨游在更浩瀚的太空，探索于更深邃的海洋。或许，我们能够探析最令人费解的谜团——人类生存密码，以及创造力的秘密。

以色列正在为这一伟大的征途作好准备，帮助其他同行者，同时也获得他们的帮助。

你眼前的这本书是一本大开眼界之作。应该把这本书视为关于以色列历史——一个永远的创业的国度——的一份中期报告。这本书讲述了不囿于现状、敢于挑战传统的以色列人的故事，是他们创造了"以色列的秘密"，并树立了他们的国家成为世界上领先技术公司的重要研发中心的地位。

在这个生机勃勃、激动人心的新10年的门口，以色列正领先一步致力于新时期的发现。接下来的篇章将承接以色列对于更美好明天的追求，作好准备迎接挑战，再焕生机。我们希望通过拥抱新的疆域，不仅能够担负起自身的使命，为这片地区带来和平；同时能够作出更大的贡献，帮助实现人类对健康、富足和自由梦想的追求——为地球上的每一个角落，每一个人。

西蒙·佩雷斯

2010年8月19日

作者的话

这是一本关于创新和创业精神的书，关于以色列这个小国如何体现创新和创业精神。

尽管我们重点讨论了很多高科技公司，但是本书不讨论技术。虽然我们对技术及其对现代社会的影响有着极大的兴趣，但是我们的重点在于讨论从根本上产生全新经营理念的生态环境。

本书集探索、论证和讲故事为一体。读者可能以为本书会按照时间顺序、围绕各个不同的企业，或是按照我们确定的以色列创新模式的各项关键要素有条理地组织起来。我们曾被这些企业的蓝图所吸引，但最终还是没有这样写，而是采用了类似拼接马赛克一样的手法。

我们研究历史和文化，精选了一些公司的故事，试图理解这种创造性能量的来源，了解其表现形式。我们采访了多位经济学家，研究他们的观点，但我们是通过学习历史、商业以及地缘政治学来阐明这个主题。我们中的一人（丹）有在商界和政府工作的经验，另一人（索尔）则是在政府和新闻界工作。丹住在纽约，他曾在以色列学习、生活和工作，并在阿拉伯国家游历。索尔在美国长大，现居住在耶路撒冷。

丹投资了数家以色列公司。本书虽然没有涉及这些公司，但讨论了与丹共同投资的投资者。我们会适时注明这点。

虽然促使我们写这本书的主要原因是我们十分钦佩以色列在经济领域所取得的鲜为人知的巨大成就，但在书中，我们也讨论了以色列的一些落后领域。我们还研究了威胁以色列继续取得成功的因素——大部分因素可能会使读者感到惊讶，因为与那些普遍吸引国际媒体注意力的领域无关。

我们还简要探讨了其他两个问题：一个问题是，为什么美国的创新产业没有更好地利用美国军事训练和经验所培养的企业家才能优势，这与以色列经济的做法形成鲜明对比；另一个问题是，为什么阿拉伯国家难以培养出创业精神。这两个主题值得在本书的范围之外继续深入研究；每个主题都足以写一本书。

最后，尽管媒体已经广泛报道以色列，但是还是有一个故事被忽视，那就是主要的经济指标表明，以色列是当今世界最能集中体现创新和创业精神的国家。

在本书中，我们将尝试着解释这个现象。

引言

出色的演讲！不过，你打算怎么做呢？

——西蒙·佩雷斯问夏嘉曦

在瑞士阿尔卑斯山地区的高档场所喜来登大饭店，此刻进来两位男士。当他们一起坐在豪华套房的沙发上开始等待时，人人都会觉得这真是对奇怪的组合。如果能闲聊两句，缓解一下紧张的情绪该多好；可惜没有时间了，现在他们只能靠交换眼神来缓解紧张。那个年纪较大的男士，相对比较平静，他的年龄是那个年轻人的两倍还多，看上去不那么容易受挫。这个年轻人的身上散发着自信的气息，多半是因为他相信自己是这个房间里最聪明的人。但是反复被人拒绝和否定的经历已经在他的脑子里埋下了怀疑的种子：他真的能推动这三位行业巨头进行彻底的创新吗？接下来要开始的会议让他感到忐忑不安。

一直不明白那个年纪较大的男士为何要冒着失败的风险，让自己置身于这场论战之中，这很可能会成为一种耻辱。他是当今在世的最有名的以色列人，是一位博学之士，不仅曾任两届以色列总理，还是诺贝尔奖的获得者。他就是西蒙·佩雷斯，83岁高龄之际，实在没有必要在自己已经很辉煌的人生中再经历如此风险。

这么做只是为了确保这些会面确实是种挑战。西蒙·佩雷斯是每年一度的达沃斯世界经济论坛上的常客。对于媒体来说，看看哪位阿拉伯世界的领导人会和佩雷斯握手将会是最直接的富有戏剧性的新闻素材；否则这个论坛，从另一个角度来看，其实就是一群身着正装的人进行的一次商务会议。佩雷斯是最有名的领导人之一，许多公司总裁都很想获得和他会面的机会。

所以当佩雷斯邀请全球最大的五家汽车制造企业的总裁和他会面时，他相信这些人会如约而至。但是这是在2007年年初，当时，全球金融危机还未现端倪，汽车制造业也还未体会到一年之后将会面临的那种压力。美国的汽车业三巨头——通用、福特和克莱斯勒——都懒得作出回应，倒是有一家顶级制造商如约而至。但是，他将全部25分钟的会面时间都用来解释佩雷斯的想法是不会实现的，他对这位以色列领导人不切实际的构想不感兴趣。说什么完全以电为动力的交通工具将会风靡全世界，就算真是那样，他也没有设想过在以色列这样的小国启动这个项目。“看看，我已经读过夏伊的论文了。”这位汽车制造业的老总一边跟佩雷斯说，一边扬了扬手中的白皮书，这是佩雷斯邀请他们时和邀请函一同发出去的，“他的想法非常有意思。世界上还没有那样的汽车，我们尝试过，但结论是这样的汽车不可能制造出来。”接下来，他开始阐述，只有混合动力车才是唯一现实的解决之道。

站在佩雷斯旁边不远处的那个年轻男士是夏嘉曦（Shai Agassi），当时他是全球最大的软件公司SAP的一位管理人员。他加入了这个德国的科技巨头企业，在此之前这家公司于2000年以4亿美元的价格收购了他在以色列的TopTier软件公司。从销售情况上看，虽然科技泡沫已经破裂，一些以色列公司依然获得了许多破灭前的价值。

夏嘉曦在24岁时创建了TopTier，然而15年后，他成了SAP两个子公司的老总。夏嘉曦是SAP最年轻的董事，也是董事会唯一一个非德国籍成员；他甚至被列入了公司总裁的候选名单。虽然他在39岁时失去了成为SAP总裁的机会，但他依然可以充满信心地说，早晚有一天这个位置会是他的。

但是现在，夏嘉曦和下一任以色列总理正在努力为汽车制造业的一位老总讲解汽车行业未来的发展趋势。遗憾的是，就连他自己也开始怀疑这种想法是不是真的很荒谬，因为从开始到现在，整个想法也只不过是一种思想实验而已。

两年前，在夏嘉曦称之为“娃娃达沃斯”——一个专门为年轻领袖们设立的论坛上，他郑重地向与会者推介了一种方法，要在2030年来临之前把地球变成一个“更美好的地方”。他们中的绝大部分人都在想尽办法拉动公司业绩，夏嘉曦却提出如此大胆的想法，领袖们都觉得这太有挑战性了，同时也太天真了。夏嘉曦对大家说：“我觉得最重要的事情就是，先找出一个国家，让它摆脱石油的束缚。”

夏嘉曦相信如果有一个国家能够完全不依赖石油而正常运行，那么其他国家都将紧随其后，效仿它的做法。所以很明显，现在的关键是要找出一个能让汽车摆脱石油的办法。

不过，单是这个还不能称之为革命性的眼光。

夏嘉曦开发了一些为汽车提供能源的新奇技术，比如氢燃料电池之类的，但这些技术看上去似乎永远都距我们有10年之遥。所以夏嘉曦决定将注意力放在最简单的一种途径上：用电池供电的电动力汽车。虽然这种概念过去由于太受局限而且成本太高已经遭到过否决，但是夏嘉曦认为他有一个方法既能让消费者接受电动力汽车，又能让制造商赢利。如果电动力汽车能够像汽油动力汽车那样便宜、方便而且动力十足，那么谁不想要一辆呢？

常年的战争使得以色列人开始怀疑传统意义上的“可能”的含义，而且这个国家的人口仅占世界的千分之一。如果正如佩雷斯所说，以色列民族精神的本质就是“不满足”，那么夏嘉曦就是以色列这种民族精神的典型代表。

如果不是因为佩雷斯，估计连夏嘉曦本人都没有胆量去实现自己的想法。在听到夏嘉曦想要摆脱石油的想法后，佩雷斯对他说：“出色的演讲！不过，你打算怎么做呢？”

夏嘉曦说，直到那个时候，他也“只是在困惑中挣扎”——这些想法还仅仅只是停留在思想的层面上。但是佩雷斯却明明白白地将挑战置于他的眼前：“你真的会这么做吗？还有什么比让这个世界摆脱石油的束缚更重要的事吗？如果你不做还有谁会做这件事？”最后，佩雷斯又加了一句：“我可以为你做点什么？”

佩雷斯确实很想为此做点什么。仅在2006年圣诞节过后以及2007年年初的几天里，佩雷斯就和夏嘉曦一起，如旋风般快速地同以色列的工业巨头、政府高官进行了50多次会面，其中当然也包括和以色列总理的会面。“每天早上，我们在佩雷斯的办公室碰头，听取他对前一天会面情况的总结，然后他会拿起电话继续安排接下来几天的行程。”夏嘉曦告诉我们，“如果没有佩雷斯，这些大人物是肯定不会接见我的。”

佩雷斯还写信给五大汽车制造商，连同夏嘉曦的概念性文章一起寄出，这就是为什么会出现前面提到的佩雷斯和夏嘉曦坐在某个瑞士的酒店里，等待很可能是最后一次机会的场景。夏嘉曦说：“在第一次见面之前，佩雷斯也仅仅是从我——一个搞软件的家伙——这里听过这种想法。我懂什么呢？可是他却甘愿为我冒这个风险。”在达沃斯论坛上，佩雷斯第一次面对面地向那些实际工作在汽车行业的人验证这个想法。结果，他们约见的第一位业内人士不仅否定了这种构想，还用大部分时间试图劝说佩雷斯不要再为此浪费时间。这令夏嘉曦羞辱难当。“我使这位叱咤国际政坛的大人物陷入了一种十分尴尬的境地，让他变成一个看上去不知所云的人。”

但是现在，马上就是他们预约的第二次会面了。卡洛斯·戈恩是雷诺-尼桑的首席执行官，在业内有“起死回生第一人”之美誉。他出生于巴西，父母是黎巴嫩人。卡洛斯·戈恩因为接管尼桑而在日本成了家喻户晓的名人，当时尼桑正面临巨额亏损，但在他接管两年之后整个公司就扭亏为盈了。礼尚往来的日本人为了感谢戈恩，以他的生活为原型创作了一系列漫画。

佩雷斯开始时的语气很轻柔，戈恩几乎听不清他在说什么，但却使站在一旁的夏嘉曦大为震惊。自从在上次会面中遭受了很大的打击之后，夏嘉曦猜想佩雷斯也许会说些这样的话，比如，“夏伊有一个很疯狂的想法，他想构建一个电力网络。稍后我会让他作更详细的说明，你也可以给他讲讲你的想法。”但实际情况是，佩雷斯非但没有退缩，反而比之前工作的时候更有激情和动力，而且他的话也比以前更有说服力了。

佩雷斯说，石油要走向穷途末路了；也许地下还会有，但是这个世界不再需要石油了。更重要的是，佩雷斯对戈恩说，这是在为国际恐怖主义和不稳定局面融资。他强调说：“如果能在最开始的时候找出切断资金来源的办法，那我们就完全没必要对喀秋莎火箭炮严加防范了。”

然后佩雷斯伺机抢占先机，主动提到了对技术尚不成熟的顾虑。他知道所有大的汽车制造公司都在进行尝试，通过对电力进行转变开发出了好几种新奇的变种——混合动力、插电式混合动力、微型电动力汽车——但是这些都不足以开创机动车技术未来发展的新纪元。

当谈话向着佩雷斯预期的方向进行了大约5分钟的时候，戈恩打断了他。“瞧瞧，佩雷斯先生，”戈恩说，“我看了夏嘉曦的文章”——夏嘉曦和佩雷斯尽量不退缩，但是他们都好像感觉到了此次会面的结果——“他的观点绝对正确，我们肯定是站在同一条战线上了。我相信未来属于电力，我们有车，也会有蓄电池。”

佩雷斯激动得几乎说不出话来。就在几分钟之前，他们刚刚听了一场充满激情的演讲，阐述为什么纯电力机动车不可能实现，为什么混合动力车才是正道，但是佩雷斯和夏嘉曦都很清楚混合动力车是一条死胡同。一辆车拥有两个独立的动力装置，这有什么意义呢？现存的混合动力车造价极高，对燃料效率的提高仅有20个百分点，这不可能使国家摆脱对石油的依赖。在佩雷斯和夏嘉曦看来，混合动力车就好比是用创可贴来对付枪伤。

但是，他们还是第一次从一个真正的汽车制造商那里听到这种说法。佩雷斯忍不住脱口问道：“那么你怎么看待混合动力车呢？”

戈恩信心十足地回答说：“我认为它毫无意义。混合动力车就像是一条美人鱼：如果你想要的是条鱼，它给你的却是个美女；如果你想要的是个美女，它给你的其实是条鱼。”

佩雷斯和夏嘉曦会心地笑了起来，多日来的奔波终于得到了些许的慰藉。他们果真在前进的道路上找到了一个真正的伙伴吗？现在该是戈恩忧虑的时候了。虽然他的态度很乐观，但是所有的障碍依然存在，那些使得电动力汽车无法顺利成为现实的各种各样的问题不会因此而消失：蓄电池价格昂贵，而它们可支持的行程甚至还不如半箱汽油，况且每次充电还要花上好几个小时。只要消费者还得在价格和方便性上再作出一些牺牲，清洁汽车就只能停留在小众市场上，永远不会普及。

佩雷斯说，在遇到夏嘉曦之前他也有同样的担忧。而这正是夏嘉曦的强项，他会告诉我们如何利用现有的技术，将这些障碍一一排除，而不是依靠什么神奇的蓄电池，这种电池在几十年内是不可能问世的。

戈恩的注意力开始从佩雷斯转到一直沉默不语的夏嘉曦身上。

夏嘉曦开始阐述自己的观点，从最根本的说起，尽量使其简化：电动力汽车之所以看起来昂贵，仅仅是因为蓄电池的成本太高；但是如果把汽车和蓄电池捆绑销售，就好比在出售以汽油为动力的机动车时，同时再配上足够多的汽油，要让它至少能跑上几年。如果把运行的成本都计算在内，那么电动力汽车的成本实际上要低得多——如果每桶汽油以50美元计算，电动力汽车的成本是每公里7美分（含蓄电池和充电所耗电量的成本），汽油车的成本是每公里10美分。但是如果你真的在买车时不必购买蓄电池——以及其他任何燃料——而是选择在汽车的整个使用寿命期间分摊这笔费用，那会怎样呢？在这种情况下，电动力汽车的成本最高也只会和汽油动力车相当，而且为蓄电池充电的成本可比在加油站加油的成本低多了。也许过不了多久，电动力汽车将会迅速占领市场。而且，从长远的角度来看，现在已经相当可观的电力成本优势，随着电池成本的持续降低，一定会变得越来越显著。

克服了价格的障碍的确是一个最大的突破，但这还不足以使得电动力机车成为如夏嘉曦所说的，“汽车2.0”将取代大约一个世纪前亨利·福特引导的交通运输模式。戈恩在想，5分钟的补给就可以使以油为动力的汽车行驶300多英里，电动力汽车如何才能打败如此强大的竞争对手呢？

夏嘉曦给出的解决方案是构建基础设施：为成千上万的停车场拉上电线，建设电池交换站，把遍及各地分散的点变成一个全新的“智能电网”。大部分时候，为电池充电的事可以方便地在家里或者办公室里解决，一次足够你用上一整天；如果遇到长途旅行，你可以将需要充电的电池放到交换站，然后换上一个充满电的电池，就好像为自己的爱车加了一整箱油一样。夏嘉曦还招募到一位曾在以色列军队服役的将军——他对军事物流非常精通——担任公司在以色列当地的首席执行官，主导智能电网和全国充电/停车场网络的规划工作。

这一模式的关键在于消费者拥有自己的汽车，夏嘉曦的公司Better Place则拥有蓄电池。夏嘉曦进一步解释说："这种模式的运作方式和手机差不多。消费者来到手机供应商那里，如果愿意的话，可以全价购买一部手机，而不用承担任何义务；但是大部分消费者会用两三年的时间分摊这部手机的费用，这样做可以获得一些补贴，甚至是免费拥有一部电话。当他们开始支付通话费用的时候，就不再需要为这部电话付费了。

夏嘉曦说，电动力汽车也可以用同样的方式进行运作：Better Place就好像是一家手机供应商，你可以到某个汽车经销商那里，签署一份基于公里数而不是分钟数的协议，然后得到一辆电动力汽车。但是购买人一般不会同时得到汽车的电池，电池由Better Place出售，所以这家公司可以将电池——当然也包括汽车的成本——分散到4年或者更长的时间里。就好像消费者每个月都要在汽油上花钱一样，他们每个月也要为电动汽车赖以运行的电池以及充电付费。"你完全可以获得一种绿色的出行方式，而且成本比购买和驾驶一辆汽油机动车还低。"夏嘉曦说。

夏嘉曦还提到了另一个佩雷斯尚未提及的问题：为什么在那么多国家和地区中，偏偏选择以色列作为这项计划的开始之地？第一个原因就是它的面积。夏嘉曦说，以色列是电动力汽车最完美的"试验地"，不仅因为这个国家很小，还因为邻国对它怀有敌意。以色列是一个封闭的"运输岛"，因为以色列人不能开车到本国以外的地方去，人们的行驶距离总是局限在这个世界上最小的国家之一的边界内。这就使得Better Place公司在第一阶段要建设的电池交换站的数量相对少了很多，夏嘉曦顽皮地笑着说，对于孤立的以色列来说，他的敌人实际上已经为我们建造了一个完美的实验室，就等着我们去实施这些规划。

第二个原因是，以色列人了解依赖石油的代价。无论是从财政和环境方面考虑，还是从安全方面考虑，对石油的依赖让他们把大量的资金都注入那些不太容易打交道的政权的金库中。第三，以色列人天生就爱走在前面——最近的数字显示，他们是全世界上网时间最长的人，手机的持有率为125%，也就是说许多人拥有不止一部手机。

同样重要的还有，夏嘉曦知道，在以色列能够找到需要的资源，出色地应对构建“智能电网”时面临的软件方面的挑战。这个“智能电网”能将汽车引导到开放的充电站，即使有数以百万计的汽车同时充电，也不会使系统超负荷。以色列是世界上工程师占人口比例最高的国家，同时人均研发开支在世界上也居于首位；在这个国家进行这种尝试，再合适不过了。实际上，夏嘉曦想走得更远。想想吧，如果英特尔可以在以色列大量生产精密芯片，为什么雷诺-尼桑就不能在这里生产汽车呢？戈恩的反应是，只有当他们每年能生产至少5万辆电动力汽车时，真正的效应才会显现出来。佩雷斯对此丝毫不觉得惊讶，他承诺以色列每年可以生产10万辆电动力汽车。戈恩表示赞同，只希望佩雷斯能兑现他的承诺。

当佩雷斯和夏嘉曦去会见当时的以色列总理埃胡德·奥尔默特时，曾保证说这项计划能使以色列成为第一个摆脱石油束缚的国家。总理当时有两个条件：第一，夏嘉曦必须和五大汽车制造商之一签约，并且要筹集2亿美元的资金，用于开发“智能电网”，将现有的50万个停车场改造成充电站，建设电池交换站。现在，夏嘉曦已经取得了汽车制造商的信任，接下来该完成奥尔默特的第二个条件了：资金。

实际上，夏嘉曦一直被三个有条件的承诺困扰着。他需要一个国家、一家汽车公司以及资金，但是获得其中任何一项都需要先拥有其他两项条件。当然，夏嘉曦也知道很多人都认为他的想法不切实际，最终会是一场空。当初他决定离开SAP，创建Better Place的时候，整个科技界都为之震惊。（夏嘉曦和SAP的领导进行了四次谈话，才使他们最终相信他打算辞职的想法是认真的。)

但是，全世界的投资家都不会欣然接受这样一个计划，因为这要求我们重新审视世界上现存的三个最强大的行业：汽车、石油、电力。而且，这种以电为动力的机动车如果没有对应的基础设施，其实就是一堆废铁，毫无用处。也就是说，在大量的电动力汽车投放到市场之前，必须先部署和安排好充电站等基础设施；这就意味着，2亿美元的大部分要预先投入到为整个国家铺设电网上——这笔巨大的开支足以让那些投资者头晕目眩。更不用说，自从2000年科技泡沫破灭后，风险资本家都谨慎了很多，在看到第一美元的收入出现之前，没人愿意提前付出这么多的资金。

有一位投资家却是个例外，他就是以色列的亿万富翁伊丹·奥弗。他刚在中国完成了一项投资，与中国汽车制造商奇瑞汽车公司合资建立公司，这是迄今为止以色列人在中国完成的最大一笔投资。六个月之前，奥弗还购买了一个炼油厂。所以他在汽车和石油行业的经验相当丰富。当Better Place一个早期的美国投资人迈克·格拉诺夫建议去找奥弗试试运气时，夏嘉曦说："他凭什么要来帮助我，而扔下他最近的两笔生意？"但他还是决定试试。

会谈进行到45分钟的时候，奥弗告诉夏嘉曦他愿意出资1亿美元，后来又额外增加了3 000万美元的投资；并且告诉他的中国团队，他希望他们生产电动力汽车。

就这样，夏嘉曦筹集到了2亿美元的资金，Better Place成为历史上第五大创业公司。只要以色列作为第一个试验的案例成功了，其他国家和地区都会迅速效仿。从写作本书开始，丹麦、澳大利亚、旧金山海湾地区、夏威夷以及加拿大最大的省安大略省都相继宣布加入Better Place计划。当梅赛德斯被问及他们的新电动力汽车成本是多少时，他们的回答是，这要看是否包含蓄电池的价格——显然，Better Place的业务模式已成为一种国际标准。Better Place是唯一一家被允许进入日本，参与开发电动力汽车系统角逐的外国公司，这对于历来主张保护主义的日本政府来说是一个非同寻常的进步。

如果这个项目成功了，那么Better Place在全球经济、政治以及环境方面的影响将很可能超越当今世界上最重要的科技公司。这种理念也会从以色列传播至全世界。

像Better Place这样的公司不会每天都有，像夏嘉曦这样的企业家也不会每天都有，可以说是凤毛麟角；但你只要到以色列看一看，便会知道为什么这一点不足为奇，正如波士顿巴特利风险投资公司的投资者斯科特 · 托宾所预言：下一个伟大的思想将会在以色列诞生。

科技公司和全球投资者都争先恐后来到以色列，驾车四处考察，想为自己寻找一个与众不同的合作伙伴，既能打破陈规，又善于大胆创新。怎么解释这种现象呢？除了媒体宣传的全世界创业公司密度最高以外（以色列共计有3 850家创业公司，平均每1 844个以色列人里就有一人创业），以色列在纳斯达克股票交易所上市的公司数量比中国、印度、韩国、日本、加拿大和整个欧洲大陆在此上市的公司数量还要多。

现在不仅仅是纽约股票交易所开始青睐以色列，就连在科技方面最挑剔、最少见的风险资本也开始接近以色列。

2008年，以色列的人均风险资本投资是美国的2.5倍，欧洲国家的30余倍，中国的80倍，印度的350倍。与绝对数相比较，以色列这个只有710万人口的国家吸引了近20亿美元的风险资本，相当于英国6 100万人口所吸引的风险资本或德国和法国合计1.45亿人口所引入的风险资本总额。此外，以色列还是2007~2008年唯一一个风险资本投资获得大幅度增长的国家，如图0–1所示。

除美国之外，以色列在纳斯达克上市的公司比全世界任何一个国家都

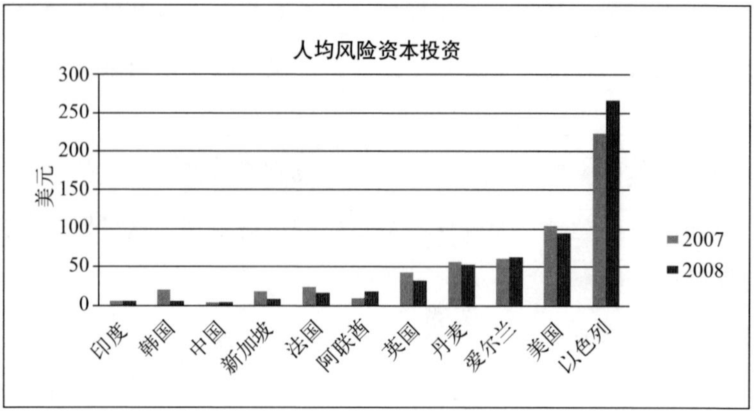

图0–1　资料来源：道琼斯，风险资源；汤森路透；美国中央情报局，《世界概况》，2007年，2008年。

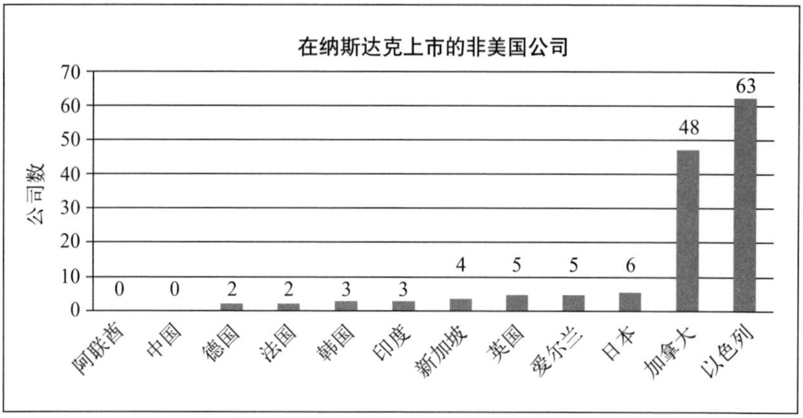

图0–2　资料来源：纳斯达克（NASDAQ），http://www.nasdaq.com/asp/NonUsOutput.asp，2009年5月。[①]

① 在纳斯达克上市的中国公司，如百度、网易、盛大等，都是在英属维京群岛或者开曼群岛注册，本资料仅以注册地统计。——编者注

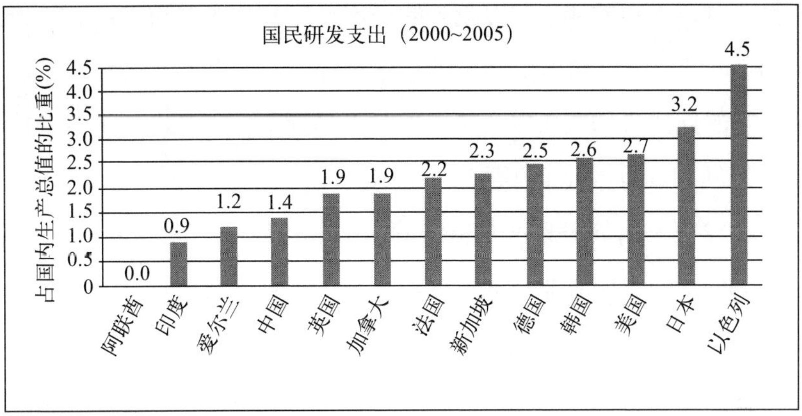

图0–3　资料来源：联合国开发计划署（UNDP）报告，2007/2008年。

多，包括印度、中国、韩国、新加坡和爱尔兰，如图0-2所示。图0-3显示，以色列在研发方面的投资占经济的比例位于世界前列。

自1995年以来，以色列大多数年份的经济增长速度超过世界发达国家的平均水平，如图0–4所示。

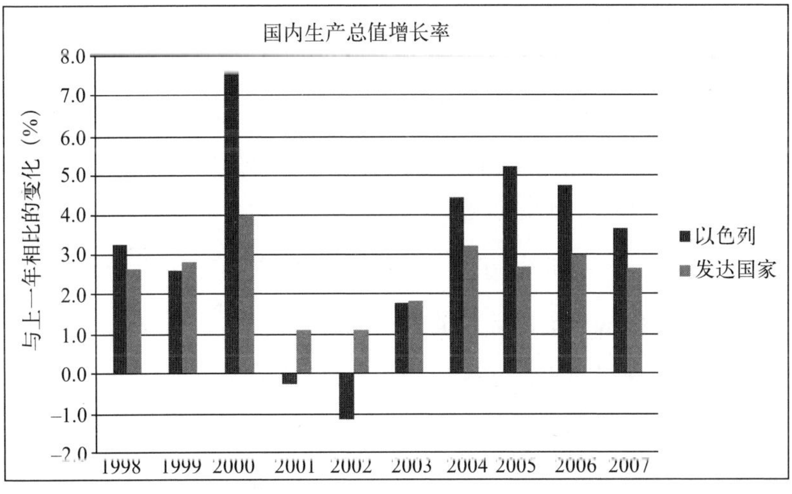

图0–4　资料来源：《奇迹与幻影》，《经济学人》，2008年4月13日，“1970~2007年各国家和地区的GDP增长率”，Swivel，http://www.swivel.com/data_columns/spreadsheet/2085677。

虽然总是面临着战争，以色列的经济发展却从未停滞不前。21世纪初的6年时间里，以色列不仅经历了全球科技泡沫的破灭，还经历了其历史上最严重的几次恐怖袭击以及第二次黎巴嫩战争；但是以色列占全球风险投资的份额却没有因此而下降——反而增长1倍，从15%提高到31%。特拉维夫证券交易所的股票交易值在黎巴嫩战争结束时比战争第一天还高，2009年为时3周的加沙地带军事行动，也丝毫未影响到特拉维夫证券交易所的正常交易。

如果你总是想到以色列在半个多世纪前的悲惨状况，那你就会更加惊讶于以色列今天的经济发展状况。1950年，夏嘉曦的家庭从伊拉克移民到以色列，当时以色列才刚刚成立两年。以色列建国后，阿拉伯世界掀起了一场行动，夏嘉曦一家成为大批出逃难民中的一部分。当时，这个刚刚成立的年轻的犹太国家一下子面临着两个看似无法克服的挑战：第一是打一场争取独立、关乎存亡的战争，并且要吸收大批从第二次世界大战后的欧洲过来的难民；第二是克服来自周围阿拉伯国家的威胁。

在建国之初的两年时间里，以色列的人口增加了1倍；接下来的7年中，这个国家的人口又增加了1/3，平均每3个以色列人中就有两个是新来的移民。许多难民刚一下船，就拿到一把枪，还不知道如何使用，就已经被派到战场上去了；有些从纳粹集中营里侥幸活下来的战士还没来得及留下姓名，就在战争中阵亡了。为以色列的独立而死在战场上的以色列人，比美国在两次世界大战中阵亡的战士还要多。

那些活下来的人也要在停滞不前的经济中苦苦挣扎着过日子。“什么东西都是定量供应的，”一个新来的移民抱怨道，“配给券，一周一个鸡蛋，还得排长长的队伍。”以色列人当时的平均生活水平仅相当于美国人19世纪初的生活水平。但是，这个“创业”的国度不仅存活了下来，从一潭死水变成了高科技的动力源，还在60年的时间里，实现了50倍的经济增长。

这一切是如何完成的呢？一群身无分文的难民，是如何把马克·吐温笔下这片“满目荒凉……静寂而悲哀”的土地，变成世界上最有活力的企业经济体的呢？

事实上，关于这个问题，以色列的政治经济学家格林斯坦已经回答过无数遍了：“看看，相比美国，我们的经济增长翻了1番，同时人口比原来增长了5倍之多，还打了3次仗。这在世界经济史上都是绝无仅有的。”而且，以色列的企业家们仍在用不可思议的方式影响并改变着整个世界。

几个世纪以来，这块圣地一直吸引着众多的朝圣者，最近又涌来了各种各样的探求者。谷歌的首席执行官兼总裁埃里克·施密特告诉我们美国是最让企业家心仪的选择，但是，“美国之后，以色列就是最棒的”。微软的史蒂夫·鲍尔默曾说，微软“既是美国人的公司，也可以说是以色列人的公司”，因为微软的以色列团队所占据的核心地位和人数之多的确不容小觑。风险规避的虔诚信徒沃伦·巴菲特，在2006年以色列开始打响黎巴嫩战争之际，以45亿美元买下了一家以色列的公司，由此打破了他自己延续了几十年之久的，不收购任何国外公司的纪录。

对于那些大型科技公司来说，要想忽视以色列几乎是不可能的；事实上，它们中的绝大多数都在关注着这个国家。世界顶级的科技公司几乎一半都有过收购以色列人创立或者正在营业的研发中心的经历，单是思科一家公司就收购了9家以色列的公司，而且还在继续寻找更多合适的收购机会。

飞利浦医疗系统的高级副总裁保罗·史密斯曾说过：“在以色列的仅仅两天时间里，我看到的机会比在世界其他地方一年之内看到的还要多。”英国电信技术与创新支持部副总裁加里·西恩博格告诉我们说：“比起现在的硅谷，以色列有更多创新的想法；不是对过去的电子进行回收，也不是对旧想法进行重新包装，而是全新的观点，并且即便在全球经济低迷的情况下，它的创新速度也从未减缓。”

虽然现在以色列的科技奇迹已经众所周知，但是当这一切第一次呈现在人们面前时，大家还是充满困惑。例如，NBC环球的一位副总裁去以色列寻找数字媒体公司的时候就很纳闷：“为什么这一切都发生在以色列？我从来没有见到过如此多的混乱和如此多的创新同时并存于一块如此不起眼的土地上。”

这就是本书将要解开的谜团：为什么是以色列而不是其他地方？

一种解释是困境，正所谓，需求孕育着发明创造的能力。那些面临威胁的小国，比如韩国和新加坡，也能创造出和以色列一样让人惊讶的经济增长纪录，但是与以色列相比，它们却没有一个能培养出企业家精神，更不用说大量的创业公司了。

有些人认为犹太人在工作方面有特殊的能力，犹太人“很聪明”的概念已经深深地植入了人们的内心。我们自己也这么认为，当我们告诉别人我们正在写一本书阐释以色列人为何如此具有创新能力的时候，很多人的反应都是：“这很简单啊——犹太人聪明，所以他们善于创新也没什么大惊小怪的。”更多的人就这样把以色列人的成功定义在这种含糊不清的陈腔滥调上，却忽视了其背后真正的原因。

对初创者来说，任何单一的、关于犹太人特点的说法——不管是基因决定论还是文化决定论——都不适用于解释以色列。这个国家虽然不大，其人口成分之多在世界上却是数一数二的。以色列人口虽少，却包含了70多个不同的民族；有的犹太移民来自伊拉克，有的来自波兰或者埃塞俄比亚，他们讲着不同的语言，有着不同教育、文化和历史，至少最近2 000年的历史都不相同。正如爱尔兰的经济学家戴维·麦克威廉斯所说：“以色列不是一个单向度的犹太国家。事实上恰恰相反……是通过一神论将来自四面八方，有着不同语言、文化和风俗习惯的流散的犹太人融合到了一起。”

虽然共同的信仰以及同甘共苦的经历的确算得上是一个原因，但这还远远不能解释为什么如此不同的一群人能够组建起一个正常运转的国家，更不用说组建一个尤其擅长团队合作和改革创新的国度了。

事实上，以色列成功的秘密肯定不只在于个人能力的突出。世界上还有许多地方同样拥有杰出的人才，而且，这些人才的数目也许会是以色列所拥有的人才的好多倍。例如，新加坡的学生在自然科学和数学考试中总是拔得头筹。当然，跨国公司也在诸如印度、爱尔兰这样的地方建立了自己的工厂。“但是我们不会把企业最核心、最关键的工作放在这些国家。”来自eBay的一位美国管理人员告诉我们说，“谷歌、思科、微软、英特尔、eBay……这样的公司还有很多。一个很少有人知道的秘密就是，公司的生死决定在我们以色列团队的工作上，这可比在印度进行呼叫中心外包或者在爱尔兰搭建IT服务网络重要多了。我们在以色列做的工作和在世界其他地方做的完全不一样。”

另一个惯常的解释，就是以色列的成功源于这个国家的军事和国防工业，由此缔造了许多成功的衍生公司。这也许算得上是部分答案，但是为什么其他同样有义务兵役制度和大量军队的国家却没有对私人部门产生类似的影响呢？这一切如何解释？把成功的原因归到军事方面，仅仅是在转移问题：以色列的军队如何培育企业家精神？即便是真的受到了军事方面的影响，那为什么现在那些国防、反恐怖主义以及保障国土安全方面的公司只占以色列国内生产总值的不足5%呢？

我们认为，真正的答案肯定有其更广泛、更深刻的根基；它必定存在于像夏嘉曦这样独立的企业家的故事里，他们是这个国家本身的标志。就像我们即将展现给大家的，这不只是关于天才的故事，更是关于坚持、关于永不知足地挑战权威，关于一贯的不拘礼节的故事，同时也是关于面对失败、合作、使命、风险以及跨学科创新时不同于他人的态度的故事。以色列充满了这样的故事，但是以色列人太忙了，忙于开创自己的事业，而没有时间回顾往昔，将发生的一切一一串联起来。他们也没有时间关注其他人——政府、大型公司以及创业公司的企业家们——能从他们的经历中获得什么。

我们很难想象还有哪个时间比现在参透以色列经济奇迹的奥妙会更有意义；美国还继续领跑世界最具竞争力经济体的排名，但是很多人认为某些最基本的原则是不合理的。

在2008年的全球金融危机开始之前，那些目睹创新竞赛的观察者就已经提出过警告了。斯坦福研究所的柯蒂斯 · 卡尔森预言道："印度和中国会成为海啸，将我们击倒。"他预测美国的信息科技、服务产业和医疗设备行业将会在竞争中失败，代价是"失去成千上万个就业岗位……就像20世纪80年代日本经济崛起时一样。"卡尔森说，唯一的出路就是"掌握创新工具"，然后将所有新的、知识型的行业融入能源、生物科技以及其他科技型领域中去。

"我们正在迅速变胖，变成这个国家自满的底特律。"哈佛商学院前教授约翰 · 考说，"我们……在濒临干旱时使劲挤衰老的奶牛的奶……伴随着我们的热情、野心和志在必得的决心，失去的是我们的集体目标感。"

经济的衰退强化了人们对创新的关注，毕竟金融危机是因为房地产价格的崩溃而引发的，而房地产价格的膨胀源于银行不计后果的借款和廉价的信贷。换句话说，全球经济繁荣的基础是一个投机的泡沫，而不是基于生产能力的增长；经济学家认为，后者才是经济可持续增长的最坚实的基础。

诺贝尔经济学奖获得者罗伯特 · 索洛的开创性工作显示，技术进步才是生产力和经济增长的最终源泉。对于任何一个经济体来说这都是唯一一条被证实的、可长期发展的道路——尤其需要依靠创业公司天生的创新特质。美国人口局最近的数据显示，1980~2005年美国的净就业增长大部分来自于成立时间不到5年的公司。实际上，如果没有创业公司，年平均净就业增长率将会是个负数。考夫曼基金会会专门作创业分析，其主席、经济学家卡尔·施拉姆告诉我们说："对于美国来说，如果想继续生存并保持其在世界经济范围内的领先地位，就必须把创业精神作为我们的核心竞争优势；除此以外，再没有其他更合适的途径。"

创业的模式有很多种，例如小型创业（从家庭生意开始）或成立一个小公司，以填补市场的某个空缺，当然这样的创业发展很受区域市场的限制。但是以色列人却尤其擅长高增长型的创业模式，他们的创业公司会迅速改变全球工业的发展方向。我们都知道，高增长型的创业模式需要具备特殊的才能——从工程师、科学家到管理人才、市场营销人才——他们要把一个完全创新的想法运作成一种商业化的模式。

这并不是说以色列人就能完全避免创业公司普遍的高失败率的风险，但是以色列的文化和制度培养了人们面对失败时一种独特的态度，它引导创业者把失败的创业经历不断地进行建设性的总结和利用，然后再尝试；而不是让他们长久忍受非难，并将其边缘化。

摩尼特公司是一家全球性管理咨询公司，它最近的一份报告显示，"当（创业家）成功了的时候，他们就彻底改变了市场；而一旦失败，他们在现有位置上依然承受着不变的竞争压力，因此还是会不断地进步。"同时，摩尼特的调查还告诉我们，创业精神是经济体"进化和再生"的主要动力。

正如《商业周刊》的封面标题所言，现在问题变成了"美国人能否找到从前的那条路"。文章评论道："在经济低迷的背景下，经济学家、商界领袖以及政坛人物开始一致认为，创新是美国跳出现在的经济深渊最好的——或许也是唯一的——一条出路。"

在这个世界上，如果你想找到创新的关键所在，以色列是最值得去的一个地方。西方世界需要创新，而以色列拥有创新；弄清楚这种创业的动力源自何处，去往何处，如何使其长期保持下去，其他国家如何从中学到创业国度的精髓，这才是我们当下最重要的任务。

创业的国度
START-UP NATION

第一部分
弹丸之国 惊世能量

第一章　坚持不懈

四个男人站在街角……

一个美国人，一个俄罗斯人，一个中国人，还有一个以色列人……

一名记者走到他们面前说：

“打扰一下……请问你们对肉类短缺有什么看法？”

美国人说：“什么是短缺？”

俄罗斯人说：“什么是肉类？”

中国人说：“什么是看法？”

以色列人说：“什么是‘打扰一下’？”

——迈克·利，《两千年》

斯科特·汤普森看了看手表。很多工作还没来得及做，但必须在这周结束之前完成，而现在已经是星期四了。汤普森是个大忙人，作为全球最大的在线支付平台——贝宝（PayPal）的总裁，他使网络成为支票和信用卡发挥用途的新平台。不过眼下，汤普森答应了一个年轻人要给他20分钟的时间，这个小伙子声称能解决在线支付存在的欺诈、信用卡诈骗以及电子身份被盗等问题。

施瓦特·沙克德没有创业者惯有的那种无礼，不过这也没什么太值得称道的，因为，汤普森知道，绝大多数创业公司最终都没有出路。沙克德看上去不大具备一个哪怕只是贝宝高级工程师的那种气质，但是汤普森不会拒绝这次会面，即使基准投资公司（Benchmark Capital）要求也不会。

基准投资公司早就对eBay进行了种子投资，早在eBay的创始人用公寓的钱建设一个交换Pez糖果盒藏品的奇怪网站，就开始了投资。今天，eBay成了一家在全球拥有多达1.6万名员工，资产达180亿美元的上市公司；同时，eBay也是贝宝公司的母公司，基准投资正在考虑投资沙克德的公司Fraud Sciences。这是一家以色列研发可以检测欺诈的网络信用卡公司，为了帮助完成合法清查，基准投资公司的合伙人要求汤普森这个在电子欺诈方面经验丰富的人，对沙克德其人及其公司进行初步的核查。

“那么你们的模式是什么，沙克德？”汤普森问道。他很想尽快结束这次会面，似乎对自己即将要进行的一分钟“电梯演讲”的环境还不是很满意。沙克德稍微移动了下身子，然后平静地说：“我们的思想很简单。我相信这个世界上只有两种人：好人和坏人。打击欺诈的办法就是在网络上把这两种人区分开来。”

汤普森压抑着自己的挫败感，这种感觉常常光顾他，甚至在帮助基准投资公司的时候也未能幸免。在来贝宝之前，汤普森是信用卡巨头Visa公司的一名高层人员，即便是如此大的公司也仍然被反欺诈工作深深困扰着。大多数信用卡公司和网上商家的很大一部分员工都投入到审查新客户、反欺诈以及身份盗用的工作中去了，因为这是决定边际利润和能否建立客户信任的关键所在。

Visa及其合作银行一共有成千上万名员工每天都在做着打击欺诈的工作，贝宝有2 000名这样的员工，其中包括他们最优秀的50名博士工程师，这一切都是为了要走在那些骗子的前面，防止欺诈的发生。现在这个家伙还说什么“好人和坏人”，好像他是第一个发现这个问题的人似的。

“听起来不错，”汤普森说，他努力控制住自己的情绪，“那么你如何做到这一点呢？”

“好人会在网络上留下他们的痕迹——数字的足迹——因为他们没什么要隐藏的。”沙克德用他那带有浓重口音的英语继续说，“坏人就不会，因为他们努力想隐藏自己。我们要做的就是去寻找足迹，如果你能找到这些，就能将风险降低到可接受的最低程度，就有能力承担。真的就是这么简单。”

汤普森开始怀疑这个名字奇怪的家伙不是来自另一个国度，而是来自另一个星球。难道他不明白反欺诈是多么辛苦的一件事吗？要核查背景，想尽办法弄清楚当事人的信用历史，通过复杂的算法，计算一个人的可信度。你总不会走进美国国家航空航天局（NASA）然后跟他们说：“为什么要造那些既昂贵又古怪的宇宙飞船呢，你们需要的也许只是一把弹弓而已。”

然而，出于对基准投资公司的尊敬，汤普森决定再容忍沙克德几分钟。他问道：“那么你是从哪里学到如何做这些的？”

“从追捕恐怖分子的过程中。”沙克德实事求是地说，“以前，我所在的小组的任务就是通过跟踪恐怖分子在网络上的活动，协助抓捕恐怖分子。恐怖分子通过虚构的身份在网络上调拨资金，我们的工作就是在线上找到他们。”

汤普森已经听这个“恐怖分子抓捕者”说得足够多了，甚至有点太多了。现在他有一个很简单的解决办法。“事实上你们这么做过吗？”他问道。

“是的，”沙克德用他那平静而自信的口吻说，“我们对数千笔交易采用了这种做法，几乎每次都成功了，只有4次例外。”

“哦，不错。”汤普森心里想，不过他已经忍不住有点好奇了，“那么做这些需要花多长时间呢？”

沙克德说他的公司自成立以来的5年时间里，已经分析了4万多笔交易。

“好的，那么这就是我们现在要做的。”汤普森说，他答应给Fraud Sciences10万个贝宝的交易记录，让他们去做分析。这些都是贝宝已经发生的消费交易记录，但是出于保护合法的隐私的原因，贝宝必须清除一些私人资料，这将为沙克德的工作增加难度。“看你们能做多少吧。”汤普森说，“把你们处理完的记录给我们，我们会将结果与我们自己做的进行对照。”

因为检查第一批4万份交易记录已经耗费了沙克德公司5年的时间，汤普森心想，自己应该不会在短时间内再见到这个家伙了。但他并未提出任何不公平的要求。为了检验沙克德所说的那个耸人听闻的系统是否能在现实世界中发挥作用，有没有价值，这样做是有必要的。

但是，Fraud Sciences公司原先处理的4万条交易记录都是手工进行的。沙克德明白，要想达到贝宝的要求，他必须使系统实现自动化以处理大量的交易记录，要在最短的时间内力争把每条交易记录都调查清楚，同时丝毫不能在系统的可靠性上打折扣。这就意味着他要完全接管测试了5年之久的系统，然后将其完全打破，而且动作要快。

汤普森在某个星期四把交易数据给了沙克德。“我想从此以后我和基准投资公司就可以摆脱这个让人讨厌的家伙了，”汤普森回忆说，“我再也没听到过沙克德的消息，至少几个月内没听到过。”所以在那个星期天忽然收到一封来自以色列的邮件时，他确实是倒吸了一口凉气。邮件上说：“我们做完了。”

汤普森简直不敢相信这一切。星期一早上他做的第一件事就是，把Fraud Sciences提交的结果交到他的博士团队手里，让他们来做分析。博士们花了一周的时间将沙克德的分析结果和贝宝的结果作对比。但在星期三的时候，汤普森的工程师们已经为自己目前所看到的结果惊呆了。沙克德和他的小团队利用更短的时间和不完整的数据，做出的分析结果却比贝宝的分析结果要更精确。差别主要在于那些让贝宝感到很麻烦的交易记录上。在这方面，Fraud Sciences的分析结果要比贝宝的精确17%。这是一组客户申请名单。汤普森说，贝宝一开始拒绝了这些人，但是根据贝宝所获得的、最近这些被拒绝客户的信用记录判断，我们当初的拒绝是一个错误："他们是一群优秀的客户，我们原本就不应该拒绝他们，可我们的系统却遗漏了他们。但是沙克德的系统是如何将他们留下来的呢？"

汤普森意识到他现在看到的是一种真正新颖的反欺诈手段，Fraud Sciences用了比贝宝还要少的数据，就能更精确地预测出谁将是优质客户，谁是劣质客户。"我坐在那里，几乎目瞪口呆。"汤普森回忆说，"我不明白，我们是世界上最优秀的风险管理公司，而这个只有50人的以色列公司，凭着那个不切实际的'好人'和'坏人'的理论竟然能打败我们？"汤普森心想，也许Fraud Sciences公司的系统的效率早在5年前就已经超越贝宝了，他原来的公司——Visa恐怕永远也不会想到这种办法，哪怕是再给它10年，甚至15年。

汤普森知道他必须跟基准投资公司说点什么了：贝宝不能让他的竞争对手掌握Fraud Sciences的突破性技术，这种结果足以击垮贝宝。这不是基准投资要投资的公司，贝宝要收购这个公司。立刻！

汤普森前往拜访eBay的首席执行官梅格 · 惠特曼（Meg Whitman），想和她一道促成这件事。"我告诉汤普森这不可能，"惠特曼提及此事时说，"我们在市场上处于领先地位，这种不起眼的小公司是从哪里冒出来的？"汤普森和他的博士团队把结果给惠特曼粗略看了一下，惠特曼同样大为吃惊。

现在在汤普森和惠特曼手上的是一个真正始料未及的问题，他们该如何跟沙克德说呢？如果汤普森如实告诉这个创业公司的首席执行官，你们轻轻松松就打败了这个行业的老大，那么这个创业团队就会意识到自己拥有的是一个多么贵重的东西。汤普森知道贝宝收购Fraud Sciences势所必然，但是他该怎么告诉沙克德测试的结果呢？怎样才能既不抬高这个公司的价格又能为自己争取谈判的砝码呢？

最后汤普森决定拖延时间。对于沙克德那封殷切盼望回音的邮件，他的回答是：贝宝需要更多的时间去作分析。最后，汤普森回应说，下次与Fraud Sciences团队在圣何塞会面时，他将亲自和大家分享最终的结果，希望借此再为自己赢得一些时间。但是仅仅一两天之后，沙克德就登门拜访了汤普森。

不过，有一点是汤普森不知道的，那就是Fraud Sciences的创始人——沙克德和萨尔·维尔夫两人同为以色列精锐的情报机构8200服务，并无意将他们的公司出售给贝宝。他们只是想得到汤普森的支持，帮助他们顺利通过基准投资公司的合法清查工作。

汤普森找到惠特曼说："我们需要赶紧定下来，他们来了。"惠特曼对此表示支持："我们买下这家公司吧。"在做了一些估值工作后，他们决定出价7 900万美元。但是沙克德拒绝了。Fraud Sciences公司的董事会，包括以色列风险投资公司BRM在内，认为该公司的价值至少是2亿美元。

埃利·巴克特（Eli Barkat）是BRM公司的创始人之一，他为我们解释了评估Fraud Sciences未来价值的理论基础："第一代技术安全产品主要是保护个人电脑不被病毒侵入，第二代技术安全的任务是建立防火墙防止黑客攻击。"巴克特对这两种威胁都略知一二，并已筹资建立公司从事这方面的工作。Checkpoint公司就是其中之一，它也是一家以色列公司，由一批8200团队的年轻校友创建，今天它的价值已达50亿美元，在纳斯达克公开上市，客户包括了财富100强公司中的大部分公司以及全球众多国家政府。“第三代技术安全的任务将会是防止黑客对电子商务活动的入侵，”巴克特继续说，“而且这将会成为最大的市场。因为到那时，只要有电子商务发生，黑客们一边玩得开心——这是种爱好，一边还能赚到实实在在的钱。”

同时巴克特相信Fraud Sciences拥有最优秀的团队和最卓越的技术，能够防御网络和信用卡欺诈活动。“你们必须了解以色列人的心态，”他说，“当你们在苦苦寻觅新技术想要找出恐怖分子的时候，当许多无辜的生命安危未定的时候，其实找小偷要简单多了。”

谈判仅仅进行了几天，汤普森和沙克德很快就达成一致，以1.69亿美元的价格成交。汤普森说，贝宝团队认为可以以更低的价格拿下这家公司。谈判一开始的时候，沙克德始终固守一个更高的价格，汤普森猜测那只是一个蒙人的数字。“我想这是我见过的最自信、最面无表情的一张脸了。但是Fraud Sciences的那些人对自己的公司价值几何已有看法，他们不是一帮从事销售的人，不会宣传，沙克德只是很直率地将价格报了出来。他直截了当地跟我们说：‘这就是我们的方案，我们知道这是最好的，这就是我们认定的它的价值。’然后真的就这么定了下来。这种直截了当、实事求是的谈判方式你肯定很少见到。”

不久之后，汤普森就乘飞机去参观他刚刚购买的公司了。从旧金山出发，有24小时的飞行时间，在着陆前的最后45分钟，汤普森喝了一杯咖啡，好让自己清醒起来。他不经意地瞥见走廊的屏幕上显示着飞机在地图上的飞行轨迹，飞机正接近航线的末端，就要在特拉维夫市着陆。这真不错。直到他注意到地图上的另外一些东西时，这种好感觉开始慢慢消失，此刻，地图上只显示了一些和以色列邻近的国家，他能看到这些国家的名字和首都，环绕在以色列周围：黎巴嫩首都贝鲁特、叙利亚首都大马士革、约旦首都安曼，还有埃及首都开罗。现在，汤普森开始觉得恐慌：“我在这里买了一家公司吗？我飞到了一个战争区！”当然，他从一开始就知道以色列的邻居都有谁；但是他一直没仔细想过以色列原来就这么点儿地方，而且邻居们将它环绕得如此紧密！“这就好像我飞进了纽约，却突然发现原本叫新泽西的地方现在变成了伊拉克。”汤普森回忆说。

不过，下飞机后不久，在汤普森还未适应这个并非完全陌生的环境之前，这个地方倒是给了他一些惊喜，第一个让他印象深刻的地方是Fraud Sciences的停车场，每辆汽车上都有一个贝宝的车尾贴。“在美国人的公司，你可永远感觉不到这种自豪和热情。”

另外一件让汤普森深受触动的事是Fraud Sciences员工在全体员工会议上的行为举止。当他开始讲话的时候，每双眼睛都全神贯注地凝视着他，没有人发信息，没有人上网，更没有人打瞌睡。当他宣布开始开放式讨论的时候，大家的注意力有增无减。“他们提的每个问题都很尖锐，有洞察力；当时我甚至有些紧张，以前我从未短时间内听到这么多打破惯例的言论——一个接着一个。而且这些人不是同级的同事或者监察员，他们是一帮高级员工，不会因为所发表的言论触及贝宝多年来一贯的做事方式而压抑自己的想法。我从未见过如此坦率、不加掩饰、不惧传统、完全专注于一件事的态度。我禁不住想，究竟是谁在为谁工作呢？”

斯科特·汤普森正在经历的只不过是以色列人的“肆无忌惮”的一个侧面而已。根据犹太学者利奥·罗斯腾（Leo Rosten）对意第绪语的描述（意第绪语是一种几近灭绝的德意志-斯拉夫语，现代希伯来语的很多词汇都来自于这种语言），“肆无忌惮”（chutzpah）的意思是“怨恨、厚颜无耻、蛮横无理、惊人的‘胆量’、放肆并且傲慢，其他词语或语言都无法形容之。”外地人在以色列的任何地方都能见到肆无忌惮的影子：大学生同他们教授讲话的方式，雇员们挑战他们的老板，军士质问自己的长官，文员批评政府要员。对于以色列人来说，这不叫“肆无忌惮”，这是很正常的行为方式，随时随地——无论是在家中、学校还是在部队——以色列人觉得这种自信是极其普通的，沉默寡言或者言不尽意或许反而会使你落于人后。

这在以色列是显而易见的，甚至在常用的称谓上也可见一斑，乔恩·米德维（Jon Medved），以色列的一位企业家兼风险投资人，喜欢引用他所谓的绰号“晴雨表”：“从一个普通人对社会精英阶层的称谓上你就能够了解到很多关于这个社会的信息，以色列是这个世界上唯一一个这样的国家，在这个国家里每个权力人物——包括总理和军队政要——都有一个所有人都可以叫的绰号。包括普通老百姓在内，谁都可以用绰号称呼他们。”

以色列前任总理本亚明·内塔尼亚胡（Benjamin Netanyahu）和阿里尔·沙龙（Ariel Sharon）的绰号分别是“比比”和“阿里克”，工党前任主席本亚明·本–埃利泽绰号“Füad”，现任以色列国防部参谋长摩西·亚阿隆绰号“妖怪”。20世纪80年代，富有传奇色彩的国防部参谋长摩西·列维绰号“高佬”——他身高6英尺6英寸。以色列前任国防部参谋长雷哈瓦姆·泽维绰号“甘地”，戴维·埃拉扎尔绰号“护墙板”，拉斐尔·埃伊坦绰号“Raful”。改革党创始人约瑟夫·拉彼德绰号“汤米”，现任政府高级部长艾萨克·赫尔·佐格绰号“臭虫”。这些绰号不是官员背后相互的称谓，而是公开的，每个人都可以这样称呼他们。用米德维的话说，这就是以色列式的不拘礼节。

以色列人肆无忌惮的态度和不拘礼节的行为方式还有另外一个渊源，那就是以色列文化对所谓“建设性失败”或“聪明的失败”的包容。绝大多数当地的投资者认为，如果不能包容相当数量的失败，真正的创新也就不可能实现。在以色列军队里，所有的表现——无论是成功的还是不成功的——无论是实训还是模拟训练，有时候甚至是在战斗中，所有行动结果的价值都是中性的，只要所承担的风险是理智的，经过慎重思考的，那么总有可以总结和学习的东西。

正如哈佛商学院的教授洛伦 · 加里（Loren Gary）所说，关键是要区分“精心策划的实验和盲目的轮盘赌”之间的不同。在以色列，这种区别早在军队的训练中就已经很明确了。“我们不会鼓励你过分追求优异的表现，也不会因为一次糟糕的失败就不再看好你。”一位空军教练员如是说。

事实上，哈佛大学2006年进行的一次调查结果显示，那些曾经在事业上失败过的企业家，下次创业时成功的概率接近20%，这个概率高于初次创业者的成功概率，比有过成功创业经验的企业家再次创业成功的概率也低不了多少。

在《寻找幸福之国》（*The Geography of Bliss*）一书中，作者埃里克 · 韦纳（Eric Weiner）如此描述冰岛——另一个对失败包容度很高的国度。“它是一个重生的国度，当然并不完全是宗教意义上的。”这一点用在以色列关于破产和新建公司的法律方面完全准确。正是因为这些，以色列才能够成为中东地区最容易诞生新公司的地方——同时也是全球最适合投资组建公司的地区之一，即便是你最近一次创业失败了也无妨。但也正是这些给人造成了一种印象，感觉以色列人似乎总是在急急忙忙地创造，寻找着下一个机会。

刚到以色列的外地人常常觉得这里的人粗鲁无礼。他们会毫无顾忌地问那些很少有人问及的问题，比如你年龄多大？你的公寓或者汽车花多少钱买的？他们甚至还会提醒年轻的父母——常常是在人行道或者杂货店遇到的完全不相干的人，在这样的天气为孩子穿那种衣服是不合适的。有句话这么评价犹太人——“两个犹太人会有三种观点。”这话真是一语中的。不喜欢这种坦白率直的人会被以色列人吓跑，而另外一些人觉得这样令人耳目一新，坦诚实在。

“我们用以色列的方式做事，直到把问题分析到最透彻为止。”这是邓慕理（他的绰号叫“莫利”）对圣克拉拉的英特尔高级主管和他的以色列团队之间的区别的历史性论断；同时，这也是一个可供研究的、充分体现以色列人的肆无忌惮的案例。

关于英特尔能否存活的争论总会有个结果，但是这场异常激烈的、持续了数月之久的论战已经远不仅仅局限于英特尔公司了。它同样关系到今天众多普遍存在并被大家认为理所当然的计算机公司是否还会继续存在。

邓慕理是英特尔以色列运营团队的领导，该公司是以色列目前最大的私人部门，年出口额达15.3亿美元。他为我们讲述了英特尔在以色列的故事，以及英特尔和以色列人之间的斗争。

纵观现代计算机发展史，数据处理的速度——计算机完成一项任务需要花费的时间——取决于芯片晶体管的速度，晶体管不断地切换（On/Off），它们处理的命令形成代码，就像字母常常被组成词语一样；据此原理，上百万次切换就能不断地记录和处理数据了。晶体管控制的速度越快（晶体管的“时钟频率”），软件处理数据的功能就越强，这样计算机就能从曾经荣耀的计算器转变成多媒体娱乐的工具和为企业服务的机器了。

但是直到20世纪70年代，计算机主要是火箭专家或者大型高等院校在用。一台计算机甚至要占据好几个房间甚至整栋楼，放在办公桌或者家中的计算机只会出现在科幻小说中。所有这些开始改变是在1980年，当时英特尔的“海法团队”设计出了8088芯片，它的晶体管每秒钟大约能切换500万次（4.77兆赫），而且体积足够小，这才使得将计算机放到家中和办公室的想法有可能成为现实。

IBM采用以色列的8088芯片制造出了它的第一台“个人计算机”，由此开创了计算机的新时代。这对英特尔来说也是一个巨大的突破，公司首席执行官安迪 · 格罗夫（Andy Grove）后来提及这段历史时说：“随着

（和IBM）合同的生效，英特尔获得了整个行业的设计权，赢得了微处理器之战。

从那时起，计算机继续朝着更小、更快的方向发展，到1986年，英特尔唯一一家国外芯片厂生产出了386芯片。这家工厂位于耶路撒冷，386芯片的处理速度是33兆赫，虽然远不及今天的芯片处理速度，但当时英特尔将其称为“辉煌的成就”——它比8088的处理速度快了将近6倍。英特尔公司真真切切地踏上了它的创始人之一戈登·摩尔（Gordon Moore）曾经预想的道路。摩尔曾经预测计算机行业每18~24个月晶体管体积会缩小至原来的一半，而芯片的处理速度则会翻倍，这个持续二等分的说法被称为“摩尔法则”。围绕这个挑战所建立的芯片工业也使得芯片的处理速度越来越快，IBM、华尔街以及商业媒体一哄而上——时钟频率及大小成了他们衡量芯片市场价值的标准。

这种趋势一直持续到了2000年，当时另外一个因素加入进来：功耗。芯片变得越来越小，越来越快，就像摩尔当初预言的那样；但问题是芯片工作的时候，所耗的功率以及产生的热量越来越多，芯片过热很快就将成为一个最关键的问题。最明显的解决办法就是装一个风扇，但是，考虑到笔记本电脑的状况，要为芯片降温所需的风扇太大了，不大适合装在这样的电脑里。行业内专家将这种两难的状况叫做“功耗壁垒”。

在英特尔公司内部，以色列团队是最早注意到这个问题的。有多少个深夜，在英特尔海法的工厂里，他们吃着已经凉了的外卖，喝着热咖啡，聚在一起讨论如何解决功耗壁垒的问题。以色列团队比其他人都更关注行业内人士所说的“移动性”——从专门为笔记本电脑设计芯片，然后将这种芯片普及到所有的移动设备上。因为注意到这个趋势，英特尔公司将为整个公司设计制造移动芯片的任务交给了以色列分公司。

即使被赋予了如此重任，以色列人依然坚持不屈从于英特尔公司的主流思想。“以色列的研发团队，在被赋予‘移动性’的任务之前，就已经开始推进这种思想了，当时这和英特尔内部的主流思想是相违背的。”英特尔以色列团队的主管浦大卫（David“Dadi”Perlmutter）解释说。浦大卫毕业于以色列工程技术学院（以色列的麻省理工），从1980年开始就在英特尔以色列团队从事芯片设计工作。但是，在他们这些不入流的思想中倒是有一种办法可以解决功耗壁垒的问题。罗尼·弗里德曼（Rony Friedman）当时是英特尔以色列团队的高级工程师之一，仅仅是出于好玩，他自己瞎琢磨出了一种制造低耗芯片的办法，这与当时流行的主流思想明显背道而驰。当时多数人都认为，要想使芯片运行速度更快，唯一的办法就是加大它输出给晶体管的功率。罗尼·弗里德曼认为，这跟汽车和发动机的关系有点相似，到了一定程度，要想通过增加发动机的转数来加快汽车的速度就会越来越难。发动机的转速和汽车的速度之间确实有一定的联系，但是到了某一个点，引擎的转速太高，温度太高，汽车的速度就必须减缓。

弗里德曼和以色列团队认识到这种解决方案有点类似于汽车中的齿轮传动装置：如果你能改变齿轮，就能使引擎运转得更慢的同时汽车的速度反而更快。对于芯片而言，要达到同样的效果，过程会有所不同，需要将传输给芯片的指令进行分离，但是效果是相同的：低功耗芯片里的晶体管不必再快速切换，这个过程就相当于为汽车换上高速挡，他们会使软件运行的速度更快。

当英特尔的以色列团队欣喜地准备将自己的发明创造介绍给圣克拉拉总部时，工程师们猜想他们的老板看到这些一定会激动万分：还有什么比让汽车跑得更快，却又不必担心过热的问题更好的事情呢？但是，在以色列的团队看来是贝宝的成果（引擎运转速度更慢），在总部看来却是个大麻烦。毕竟，在整个行业内，都是用引擎运转的速度——时钟频率，来衡量芯片的强弱的。

以色列团队设计的芯片使软件运行速度得到了提高这一点无足轻重。计算机的引擎——由芯片的晶体管组成——没有变得足够快，这一点很重要，华尔街的分析师们只会以一个参数来判断英特尔的股票是否具有吸引力。他们会说，时钟频率快时，买；时钟频率慢时，卖。想要说服整个行业和媒体，告诉他们这种度量方式已经过时，简直就是痴人说梦。尤其是，英特尔（通过摩尔法则）自己创造了这个行业对时钟频率的依赖，这就相当于要说服福特放弃对更大马力的追求，或者告诉蒂夫尼（Tiffany）克拉的大小并不重要一样。

“我们不是主流——时钟频率是统治者，而我们孤掌难鸣。”罗尼·弗里德曼回忆说。

英特尔专门负责芯片研发的总裁保罗·欧特里尼（Paul Otellini）试图将整个项目隐藏起来。时钟频率这条准则在英特尔就像是神一样被恭敬地供奉着，他们并不打算举行研讨会来讨论是否要改变这条准则。

“研讨会”（Seminar）是以色列人很熟悉的一种处理问题的方式，起源追溯到以色列建国之时。1947年3月末至5月末，戴维·本-古里安（David Ben-Gurion）——以色列的乔治·华盛顿——作了一项关于巴勒斯坦犹太人的调查，他知道，一旦以色列宣布独立，战争将不可避免。戴维·本-古里安花了几天几夜的时间了解、调查、倾听军队上下各层人员的想法，在联合国通过议案将巴勒斯坦划分为犹太和阿拉伯国家之前的6个多月里，本-古里安强烈地意识到，此后的阿以冲突将和建国前的犹太民兵战斗大不相同。他们需要在正在进行的战斗中学会退让，为迎接即将到来的、关乎存亡的战争作好准备。

研讨会结束之时，本-古里安在其战争檄文中展现了他们的信心：“我们必须承担艰巨的任务——让那些相信自己拥有某些事物的人彻底摆脱这种想法。事实上，他们一无所有。他们有的是善意和被隐藏的能力，但是他们必须知道：要学会自己去铺路。”

英特尔的欧特里尼不知道，他的以色列团队也给他准备了一条类似的信息。他们认为英特尔应该主动挑战“功耗壁垒”，而不是等到撞墙时才醒悟。以色列人希望欧特里尼采用“迂回”的方式避免这一切，放弃传统的思想，考虑从根本上改变公司的技术指导思想。

圣克拉拉的高管们觉得有必要管制一下以色列团队，据悉已经有许多人受到了他们的“纠缠”。这些以色列人频繁往返于特拉维夫市和加利福尼亚，全然不顾每次航程20小时的奔波劳顿。他们看起来几乎无所不在，随时准备着在门厅里甚至是休息室里逮到某位主管，向他推荐自己的方案。浦大卫每个月有一周的时间待在圣克拉拉总部，而这一周的大部分时间都要用来宣传他的以色列团队的方案。

以色列人想要证实的一个观点是，如果说放弃时钟频率这条准则有风险的话，那么死抓着这个教条不放危险会更大。多夫 · 弗罗曼（Dov Frohman）是英特尔以色列分部的创建者，他后来说，要想创造一种真正的创新文化，“对失去的恐惧常常要强于对获得的希望”。

长久以来，弗罗曼一直致力于在英特尔以色列分部内部培养一种鼓励持有异议的文化，他希望圣克拉拉总部能理解这种文化的精髓：“……从鼓励异议和赞成分歧的角度来说，企业领导的目标应该是使阻力最大化，把所有的异议都带到桌面上来，公开讨论以便找到解决之道。当一个组织处在危机之中时，缺乏相反方向的阻力，本身就是一个大问题，这可能意味着你正在努力进行的改革还不足够理智……或者反对的力量隐藏于地下。如果你甚至都意识不到在这个组织中有人和你持不同的意见，那你可能真的有麻烦了。”

很及时地，以色列人胜利了，他们使自己的美国老板理屈词穷，不得不重新考虑那些方案。“每次，只要以色列人出现，他们总会有更有价值的数据、更出色的研究成果提供给你。”英特尔的一位管理人员回忆说，“他们的方案好像穿了防弹衣，对整个行业发展的趋势完全不予理睬。他们说，要么我们引导方向，要么就落于人后。”

最终，时任英特尔的首席执行官欧特里尼改变了思想。要想反击以色列人出色的研究成果几乎是不可能的——更不用说他们还在坚持不懈。2003年3月，新芯片Banias（代码名称来自以色列北部一个天然喷泉的名字）作为笔记本电脑的“迅驰”系列芯片发布，它的时钟频率仅是当时占统治地位的奔腾芯片（2.8千兆赫）台式机的一半多一点，价格却是奔腾系列的两倍还多，但是它却给了笔记本电脑用户想要的便捷和速度。

英特尔和整个行业开始认同以色列的设计理念，并将这种转变称为“右转弯”。因为相对于以往只是简单地追求更高的时钟频率，不考虑热输出和功率损耗的方法，现在这种方法带来的改变实在是太大了。英特尔开始不仅将这种“右转弯”用于笔记本电脑的芯片，也用于台式机的芯片。现在想想，以色列团队之所以能研究出这种新的芯片架构，最根本的还在于他们真的只是专注于自己的工作。他们关心整个公司的前景，抗争的目的不是要在英特尔内部取得一次胜利，而是要在整个市场的竞争中赢得胜利。

结果，以色列人设计的新的架构，这种曾经在公司内部被人嘲笑的架构，被证明是一次巨大的成功，它成为英特尔2003~2005年13%的销售业绩增长的主要来源。而且这个时机也刚刚好：英特尔面临着成立以来最激烈的市场竞争，它需要以色列人设计的这种全新的芯片架构，以使公司保持行业领先。

但是英特尔还是未能消除行业内存在的威胁，尽管Banias很成功，但是自从迅驰上市之后，英特尔的市场开始被竞争对手蚕食。到2006年，新的竞争导致英特尔的市场份额降至11年来的最低水平；公司决定降低价格，保住自己的市场主导地位，结果利润骤降了42个百分点。

然而，在7月末，当欧特里尼公布了酷睿2芯片——英特尔推出的奔腾系列的接替者之时，公司终于迎来了2006年的一个亮点。酷睿芯片采用了以色列的“右转弯”理念，加上以色列人开发的又一项称为双核处理的技术——使得芯片运行速度更快。“这是我们设计的最好的微处理器，也是我们造出的最好的微处理器。”欧特里尼在英特尔圣克拉拉总部举行的一次庆功会上面对500名观众说，“这不仅仅是量上的改变，更是一次革命性的跳跃。”大屏幕因为一组照片而亮了起来，那是新芯片背后那些骄傲的工程师们，他们在以色列海法，通过卫星参加了这次庆功会。虽然英特尔的股票价格在那个年度下降了19%，但是在7月份的发布会后，股票价格反弹了16个百分点。在100天的时间里，英特尔陆续推出了40种新的处理器，其中的绝大部分都是基于以色列团队的设计成果。

“真是难以置信，仅仅是在几年前，我们还只是在设计一些没人想要的东西，”弗里德曼说，他现在的主要工作依然是在海法，但是他领导着英特尔在全球的开发团队，“现在我们制造的处理器担负着英特尔大部分的收入来源——我们不能把事情搞砸。”

起初只是汪洋大海中毫不起眼的一个孤立的前哨，现在却成了英特尔的生命线，正如美国科技研究公司（American Technology Research）的分析师道格 · 弗里曼（Doug Freedman）所说：“他们（以色列团队）拯救了这家公司。”假如当初海法工厂的中层研发人员没有挑战公司的高层领导，英特尔今天在全球的影响力肯定会大大缩水。

在寻找如何解决功耗壁垒问题的过程中，英特尔的以色列团队还得到了一份意外的奖励。我们认为电脑不会太耗电，所以总是一直开着它们；但是，如果时间久了或者电脑多了，它们的耗电量也很惊人。英特尔的“生态技术”主管约翰·斯金纳（John Skinner）作了如下计算：如果英特尔芯片按照先前的方法继续发展下去，而没有采用以色列团队的低耗能设计的话，那么在两年半的时间里，所浪费的电量将达到20太瓦时，这一电量足够超过2 200万盏100瓦的灯泡，在一周7天、一天24个小时永不熄灭的情况下工作一整年。“在电力成本方面，我们大约节省了20亿美元……这一数字相当于可以少建一些燃煤发电厂，或者让公路上的汽车减少几百万辆……可以非常自豪地说，我们自己的公司正在显著降低二氧化碳带给我们的影响。”

但是，英特尔以色列团队的故事，不仅仅位于这个位于海法的团队用一种革命性的方案扭转了公司的局面。仅靠一个出色的想法是不可能撼动一个看似强硬、固执的领导团队的，你必须乐于承担更重的责任，而不仅仅是简单地跟着高层的节奏亦步亦趋。那么，这种看似放肆的作风源自何处呢？

浦大卫回忆起一位美国同事第一次目睹了以色列公司的精神风貌之后的惊讶状。“当我们都从会议室出来的时候，个个都因为激烈争吵而面红耳赤。美国同事问我怎么回事，我告诉他说：‘没事儿，我们在一些想法上达成了一致，效果不错。’”

这种激烈的争论在其他商业文化中令人厌恶，但是对于以色列人来说，这恰恰是解决问题的最好方法。一位投资于以色列创业公司的美国投资者告诉我们说：“如果你能扔掉最初的自负，转而接受这种文化，就会发现这真的非常有益。在以色列的公司里，你很少看见有人在背后议论别人，你总是当面就能知道所有的事情，这的确减少了很多浪费在胡扯和说谎上的时间。”

浦大卫后来调往圣克拉拉，成为英特尔执行副总裁，负责移动计算。他的部门创造了英特尔将近一半的收入。他说：“当我回到以色列，就像回到了从前的英特尔。在一个没那么多繁文缛节的国家，做起事来轻松多了。”

事实上，以色列和美国之间的文化差异非常之大，以至于英特尔不得不举办了几次“跨文化研讨会”来弭平之间的鸿沟。“在美国生活了5年之后，我发现以色列人的特别之处在于他们的文化。以色列人缺乏纪律意识，从出生开始，我们就被教导要挑战即成之事，多问问题，讨论所有的事情，要大胆创新。”主持该研讨会的邓慕理如是说。

因此，“管理5个以色列人比管理50个美国人还要费劲，因为他们（以色列人）会一直不停地向你提问——往往都从类似这样的问题开始——‘为什么你是我的经理？为什么不是我来做经理？’”

第二章 战场上的企业家

参加过叙利亚战争的以色列坦克指挥官是世界上最优秀的工程指挥官。他们执行力最强，而且一切以细节为导向。这是建立在20年的实战经验基础之上的——兢兢业业，敏于观察。

——谷歌首席执行官 埃里克·施密特

1973年10月6日，正值犹太人一年中最神圣的日子的开始，整个国家都处在休息期间；埃及和叙利亚的军队突然对以色列发动了大规模的袭击，“赎罪日战争”（the Yom Kippur War）正式爆发。几个小时之内，埃及军队就突破了以色列苏伊士运河沿岸的防线，当埃及步兵已经越过以军的坦克阵地时，以色列武装部队理应快速反应以防被袭。在这一波突袭之后，数百辆敌军坦克正向着以色列隆隆驶来。

这是在那场以色列大获全胜的战争——“六日战争”（the Six Day War）之后的第六年；那是一场让人难以置信的战争，超出了所有人的想象。在那场战争之前的1967年，这个刚成立19年的犹太国家，看起来就要在阿拉伯人军队的围攻下解散了。每个边境都有敌人在侵犯，但是，只用了六天的时间，以色列军队就将埃及、约旦和叙利亚的军队一一击退，扩张了自己的领土，从叙利亚那里取得了戈兰高地，占领了约旦河西岸和东耶路撒冷地区，同时还占领了埃及的加沙地带和西奈半岛。

所有这一切让以色列人觉得自己几乎是不可战胜的，没人认为阿拉伯国家还会冒险再对以色列发动一次全面进攻。即便是在军队，防御的意识也只是：如果阿拉伯人胆敢再次进攻，那么以色列将再次迅速将其击败，就像1967年的六日战争那样。

所以在1973年10月的这一天，以色列并没有作好战斗的准备。面对跨越苏伊士运河浩浩荡荡而来的埃及军队，以色列的防御工事简直不堪一击。在被摧毁的前线之后，有以色列的三个坦克旅，他们位于前进的埃及军队和以色列的中心地带之间，但是只有一个旅的位置与前线临近。

这个旅由陆军上校阿姆农 · 雷瑟夫（Amnon Reshef）率领，仅配备了56辆坦克，负责保卫长度为200公里的前线的安全。在雷瑟夫和自己的将士一起反击埃及的进攻过程中，他发现自己的坦克接连受到攻击，可是并未看到敌方军队的坦克或者反坦克炮。究竟是什么武器在攻击他们呢？

起初，雷瑟夫认为他们是受到了RPG火箭筒的攻击，这是一种常见的手提式反坦克武器，在步兵中广泛使用。于是他命令自己的部队向后撤退一段距离，根据培训，为躲避RPG火箭筒攻击，只要撤退到其短射程之外即可。但是以色列军队的坦克依然陆续遭到攻击，以色列人开始意识到袭击他们的是另外一种武器——一种似乎是看不见的武器。

随着战争的白热化，线索出现了。几名从导弹的袭击中幸存的坦克驾驶员报告说，受到袭击时他们什么也没看见，但是他们旁边的战士说看到有一束红光射向目标坦克。后来以色列军队在地上发现了电线，这根电线指向被攻击的以色列坦克。指挥官们终于发现了埃及军队的秘密武器：赛格反坦克导弹。

赛格的设计者是Sergei Pavlovich Nepobedimyi，他名字中最后一个词在俄语里的字面意思是“不可战胜的”。赛格诞生于1960年，这种新式的武器最初是专门提供给《华沙条约》成员国的，但是其第一次在战争中投入使用却是在赎罪日战争中，埃及和叙利亚的军队使用了这种武器。据俄罗斯方面的消息称，赛格在这场战争中摧毁了近800辆以军的坦克，其中包括在战争开始的第一天，摧毁了拥有100辆坦克的以军第252坦克分队。

赛格是一种线导导弹，只要一个战士躺在地上就可射击。它的射程达3 000米（1.86英里），是普通RPG火箭筒的10倍；另外，赛格的威力也十分强大。

每个射手都可以独立工作，甚至都不需要有人来做掩护——有一个浅沙坑让射手藏身就行。射手只需要将导弹对准坦克的方向，然后在导弹的后面用操纵杆控制红线射击即可。只要负责射击的战士能看到连接着导弹的红线，他就能准确地控制导弹击中远距离外的目标。

其实在这场战争之前，以色列的情报机关就已经知道了赛格，甚至在和埃及从1967年战争之后不久就开始的边境消耗战中还遭遇过这种武器。但是以军高级官员认为赛格仅仅是另一种反坦克武器而已，和他们在1967年战争中打败的敌方武器没什么本质区别。因此，在他们看来，敌人的新式武器确实存在，但也无须专门准备以应对赛格的威胁。

在战争进行得如火如荼之时，雷瑟夫和他的战友们必须找出究竟是什么武器在打击他们，同时还要找出应对这种武器的办法。

在彼此交换了看法之后，雷瑟夫及其将士们发现赛格也有其缺陷：它们飞行速度较慢，而且最终是否击中目标依赖于射手盯着以色列坦克的那只眼睛。于是，以色列军队找到了一个新办法：只要任何一辆坦克发现一条红线，所有坦克都开始四处移动，同时对着那个看不见的射手的方向进行射击。

坦克移动扬起的尘土模糊了敌方射手的视线，使其看不清导弹后面的红线，同时以方军队回射的火力也使得射手不得不转移自己的目光。

事实证明，这种新发明非常奏效，后来北大西洋公约组织的军队都采纳了这种方法。这既不是在军事学院的演练中长年形成的教条，也没出现在偶发事件的手册中，而只是战士们在前线的随机应变。

通常，以色列军队的战术创新都是由下而上进行的——由个体的坦克指挥官或者他们的军官向上传递。对于这些战士来说，大概永远不可能发生他们去问自己的上级该如何解决问题，或者说他们没权利决定这么做的情况。当然，对于实时担当起发明、采纳以及传播新的战术之类的任务，他们也不会觉得奇怪。

但是这些士兵的所作所为的确很奇怪。如果他们在跨国公司工作过或在其他军队服过役，很可能就不会做这种事，至少不会自己去做这种事。曾经在以色列国防军中担任过联络员的历史学家迈克尔 · 奥伦（Michael Oren）说："以色列军队里的副官，很可能是全世界所有军队里指挥决策权范围最大的军官。"

这种指挥决策权的范围，在我们前面一章讲到过的公司文化里非常明显。在以色列军队里，这种范围即使不比在公司大，至少也会相当。一般说来，当人们想到军队文化时，总是会和严格的等级、对上级绝对的服从联系在一起，每个士兵都只是大轮子里一个小小的、微不足道的螺丝钉。但是，以色列国防军不在这种军队之列。而且，在以色列，几乎每个人都要在军队服兵役；在两到三年的服役期间，这种文化已经深深地植入以色列公民的灵魂了。

以色列国防军的向下授权是必然之举，也是独创之举。《五角大楼与战争的艺术》（*The Pentagon and the Art of War*）的作者，《以色列军队》

（*The Isreali Army*）的作者之一，军事历史学家和战略家爱德华·勒特韦克（Edward Luttwak）曾经说过："所有军队都赞成随机应变的战术：纵观中国、法国或者英国的军队——无一例外都在谈论随机应变的战术。但是，文字本身不会告诉你任何事情，你必须从结构上进行观察。"

为了证明自己的观点，勒特韦克开始统计全世界各个国家的军队人员结构，最后参与统计的一个国家是以色列，该国军队金字塔最上面一层非常窄。勒特韦克说："以色列国防军特意让高级军官的人数非常少。这是精心设计的结构，这种结构意味着有更少的人发号施令，同时更少的高级官员也意味着底层士兵有更多的主动权。"

勒特韦克指出，以色列军队中只有屈指可数的几个陆军上校，而副官或者助理人员的数量却很多。美国军队中高级军官占整个作战部队的比例为1∶5，而这个比例在以色列国防军中仅为1∶9。以色列空军的情况也是如此。虽然整体来看，以色列空军的规模要大于法国和英国的空军规模，但是它的高级军官人数却比后两者都要少。以色列空军的最高长官是一个两星级上将，一般来说这个级别要比其他西方国家的军队同等位置的军官的级别要低得多。

按照美国的情况，设置更多的高级军官或许是相当必要的；毕竟，美国军队非常庞大，甚至要到远离国土8 000多英里的地方去作战，要在几个大洲之间部署兵力，所面对的物流和指挥方面的挑战是巨大的。

但是，先不论每个军队的规模和结构对于它所需要完成的任务来说是否合适，事实上，以色列国防军高层人员较少的人员安排的确在作战中产生了很重要的影响，这种安排带来的好处吉拉德·法希（Gilad Farhi）告诉了我们。吉拉德·法希是以色列国防军的一名少校，已届而立之年。他的职业生涯应该说非常典型：18岁成为突击队的一名战士，然后指挥一个步兵排，之后是连，而后是南方司令部的发言人，后来他荣升为步兵营副指挥，现在他是以色列国防军最近新成立的某个兵团一个即将成立的班的指挥官。

我们是在约旦河谷一个贫瘠的边境基地上见到吉拉德·法希的。当他迈着大步向我们走过来时，无论是那年轻的面庞还是他的衣着（皱巴巴的标准步兵制服）都不会让人想到，这是一位基地的指挥官。在他的新兵到来之前，我们采访了他。在接下来的7个月里，法希要负责650名新战士的基础训练工作，这些人中的大部分都刚刚高中毕业，另外还有120名军官、小队指挥官、军士以及行政管理人员。

法希告诉我们说："在这里，最有意思的就是那些连队指挥官，他们绝对会让你大吃一惊。这是一群孩子，年龄大都在23岁左右，每个人手下有100个士兵、20个军官和小队长、3辆车。把这些加起来就意味着120支步枪、机关枪，和炸弹、手榴弹、地雷等诸如此类的东西，真是责任重大啊！"

连队指挥官也是需要为所属领域负责的最底层的官员。法希说："如果有恐怖分子侵入某连队所属的领域，那么该连队指挥官的名字将和这件事息息相关。请问，在这世界上的其他地方，还有哪些23岁的年轻人能承担得了这种压力？"

法希通过一个非常典型的例子向我们诠释了这些23岁的年轻人所面临的挑战和压力。在约旦河西岸城市纳布卢斯执行的一次任务中，法希的一个连队有一名受伤的战士被恐怖分子围困在一栋房子里。此时，连队指挥官只有三样东西可供调配使用：一只攻击犬，他的战士，还有一台推土机。

如果这名连队指挥官放出攻击犬，那么它有可能会去攻击受伤的战士而不是恐怖分子；如果他让推土机去破坏房子，那也很有可能会伤到这名受伤的战士；如果他派兵闯入房子，则要面临造成更大伤亡的风险。

更复杂的是，这间房子的隔壁就是一所巴勒斯坦学校，孩子们正在里面上课。在学校的房顶上，记者们正在记录整个场面，同时恐怖分子也正在朝着以色列军队和记者的方向进行射击。

“这个时候，这名连队指挥官所面临的麻烦数都数不清，而且你不可能指望能从书本中找到解决的办法。面对这种复杂的状况，指挥官回到基地，他的战士开始用不一样的眼光看着他，他自己也感到有所不同。他正在前线——要为那么多人的生命负责：他的战士、巴勒斯坦学生、记者。看看，他不能征服整个东欧，可他必须想到一个办法来应对如此复杂的局面，而他才仅仅23岁。”

后来我们还听说了约西·克莱因（Yossi Klein）——2006年黎巴嫩战争中一个20岁的直升机驾驶员的故事。当时，他奉命深入黎巴嫩南部解救一位受伤的战士。当他驾驶飞机到达战场之后，他发现那名受伤的士兵躺在担架上，周围遍布浓密的灌木丛，他的飞机无法正常着陆，即使悬空也无法充分接近地面，以便把担架移到飞机甲板上。

没有课本告诉克莱因该如何处理这种情况，即便有，它们也不会建议克莱因使用他发明的这种方法：用飞机的尾部螺旋桨，看起来有点像割草机，砍倒周围的植物。他这么做，意味着在任何时候，螺旋桨都随时可能坏掉，然后带着他冲向地面。但是，克莱因成功地把灌木丛削低了，这样他就可以盘旋在空中，充分接近地面，把战士接到飞机上去。然后他载着这名战士奔向以色列的医院，最终这名受伤的战士得救了。“有多少和克莱因一样的同龄人会在他们上大学的时候经历这种考验呢？你会用这种方式去培养和锻炼一个20岁的年轻人吗？”法希问我们。

在以色列军队，当局放权给底层的力度之大常常让人惊讶，甚至连以色列的领导人有时也会为此大吃一惊。1974年，以色列总理伊扎克·拉宾（Yitzhak Rabin）第一届任期期间，以色列国防军的情报部门8200——Fraud Sciences的创立者曾服务于这个部门——有一名年轻的女战士被恐怖分子绑架了。以色列的这个部门相当于美国国家安全局（National

Security Agency)，阿哈伦 · 法卡什（Aharon Farkash）是该部门的最高长官。他回忆起当时拉宾的疑虑："被绑架的女孩是一名军士，拉宾让我们提供一份详单，逐条列出这个女孩所知道的所有事项，他担心一些机密的信息会从这个女孩嘴里泄露出去。拉宾看到那份清单后，焦急地告诉我们需要立即展开一次调查：一个普通的军士怎么可能知道这么多对于以色列的安全至关重要的机密信息呢！这究竟是怎么回事？"

法卡什继续为我们讲述这件事。他说，当拉宾在六日战争期间成为以色列国防军的最高统帅之时，这种情况让他更加惊讶。"我告诉他说：'总理先生，这个军士并不是唯一一个知道这么多机密信息的军士。这不是个错误。在8200，所有战士都必须知道这些事情，因为如果我们向他们隐瞒这些信息，我们就没有足够的人手去完成工作——我们没有足够的军官来做这些。'事实上，人为地对信息加以限制，去建造另一种体制，对我们来说是不现实的。所以这个系统一直没有改变。"

法卡什现在经营一家公司，为企业和居民设施提供创新的安全系统。他诙谐地说，这可谓是最强大的力量，以色列缺少四个"总"——总领土、总人力、总时间、总预算。"但是如果缺少总人力的话，就什么事也干不了。我们不能像其他国家一样配置那么多的军官，所以我们的军士做的其实就是陆军中校的工作。确实如此。"

人力资源的匮乏同时还是另外一个现象的原因所在，那就是预备役部队在军队中的作用。这或许可以称得上是以色列国防军最具特色之处了。与其他国家不同，预备役部队是以色列军队的支柱。

大部分军队的预备役部队只是常备军的附属物，常备军才是国家安全防卫的中坚力量。但是，在以色列一个这么小的国家，面对数量远远超出自己的敌人，从一开始他们就很明白，他们的常备军是不可能强大到能对付如此大规模的袭击的。独立战争之后不久，以色列的领导人就决定构建一种独特的军队结构，预备役军人不仅单独编制，全员都是预备军人，而且指挥官也由预备军人来担当。在其他国家，预备役部队一般是由常备军的军官来指挥的，而且在正式投入战争之前，至少也会有几周或者几个月的新兵训练。“没有哪个部队依靠的主力是一群刚刚招募来两天甚至一天就投入战争的战士。”勒特韦克说。

没有人确切知道以色列独特的预备役制度是否会奏效，因为从来没有哪个国家敢于这么做。甚至到了今天，以色列仍是这个世界上唯一一个拥有这种制度的国家，正如美国军事历史学家告诉我们所说：“用这种方法管理军队实际上是很可怕的。但是以色列人做得很好，因为他们别无选择。”

以色列的预备役制度不仅仅是这个国家创新的一个例证，同时，它还是国家创新的催化剂。当一个出租车司机能指挥百万富翁、23岁的年轻人训练自己的叔叔时，等级制度自然就消失了。预备役制度从本质上强化了这一点，反等级的理念在以色列社会随处可见，从作战室到教室，再到董事会会议室，它无处不在。

纳提·罗（Nati Ron）在生活中是一名律师；在预备役部队中，他是一名陆军少校，指挥一个团队。“等级在预备役部队中根本就不存在，”他告诉我们，好像这是世界上最自然的一件事，“一个普通士兵可以在训练中告诉一名将军：‘你这么做是错误的，应该那样做。’”

阿莫斯·戈伦（Amos Goren）是特拉维夫市安佰深公司的一名风险投资家，他非常同意上述观点。阿莫斯曾经全职服务于以色列突击队5年之久，之后的25年他一直在预备役部队。“在这30年的时间里，我从来没向任何人行过致敬礼。我甚至不是一名军官，而只是一名普通的士兵。”

勒特韦克说，在预备役制度形成之时，完全平民化的氛围就渗透到了军队生活的方方面面。

但是，这并不是说战士们就不用服从命令。戈伦解释说：“以色列士兵的区别不在于军衔等级，而在于其所擅长的领域。”或者，如勒特韦克所说：“发布命令和服从本身只是意味着某人有一项工作要做，而且做好很重要。等级的影响很小，尤其是当所谓的等级常常穿梭在年龄和社会地位上差别很悬殊的人之间时。”

当我们问少将法卡什，为什么以色列的军队能做到如此不受等级的约束，而且可以公开质疑和讨论任何事情呢？他告诉我们不仅部队如此，以色列整个社会和历史亦是如此。“我们的宗教本身就是一本开放的书。”法卡什说，带着些微的欧洲口音，这要归因于他早年在特兰西瓦尼亚的经历。法卡什所说的“开放的书”是指《塔木德》——几百年以来拉比们之间关于犹太律法的公开讨论的集大成之作——这种精神不仅影响了犹太人的宗教信仰，也塑造了以色列这个国家的国民精神。

正如以色列作家阿莫斯 · 奥兹（Amos Oz）所说，犹太教和以色列人始终是“……一种怀疑和争辩的文化，一种解释、反解释、重新解释、反对性解释的开放式自由问答游戏。从犹太文明开始存在的那一刻起，它就是一种善辩的充满争论的文明”。

以色列国防军中无等级之分的做法渗透并现实地影响着普通人的生活，这种影响甚至会打破普通民众中的等级概念。“教授会尊重自己的学生，老板会敬重自己的高级文员……每个以色列人都有几个来自‘预备役’的朋友，他们或许在正常的社会交往中不会有任何联系，但他们曾经一同睡在露天的木屋或者帐篷里，一起吃过无味的军队食物，常常几天不洗澡，一群社会背景各不相同的人平等地聚在一起。以色列还是阶级差异最小的国家，在这方面预备役制度功不可没。”勒特韦克说。

众所周知，在其他国家，对等级和地位如此淡漠的情况并不多见。以色列国防军预备役军官兼历史学家迈克尔 · 奥伦向我们描述了一个发生在以色列军事基地的典型场景，当时他在部队从事联络工作。“你和一大群以色列将军围坐在一起，然后大家都想来一杯咖啡，那么离咖啡壶最近的那个人就会去为大家准备咖啡。无论这个人是谁，实际上是谁并不重要——对于那些将军来说，为他们的士兵准备咖啡是很平常的事。当然，士兵为将军准备咖啡也是非常平常的事。没有人规定这些事。但是，如果你是和美军的队长在一起，这时一位陆军少校走进来，每个人都会立刻紧张起来；然后，陆军上校进来了，陆军少校也会立刻紧张起来。在美国有严格的等级制度，地位是非常重要的。就像大家在美国军队看到的那样，‘你是在向地位致敬，而不是在向军人致敬’。”

在以色列国防军里，甚至还存在一些极端不合常规的制度支持人们对高级军官发出挑衅。奥伦告诉我们说：“我所在的以色列部队，可以直接否决自己的军官，人们只要聚在一起，然后投票决定即可。我亲眼目睹过两次这样的事情。我真的非常喜欢那个人，但是我投了否决票，我们选出了另外一个上校。”当我们惊讶地问奥伦这是怎么回事时，他解释说：“你走过去然后说：‘我们不想让你领导我们了，你不够优秀。’我的意思是，大家关系都很好……你走到级别比你高的那个人面前说这些，那个人会离开……在这里，一切都是以你的表现为导向的，而不是以你的地位。”

退休的国防军将军“妖怪”摩西 · 亚阿隆曾在第二次巴勒斯坦大起义期间担任军队总参谋长，他给我们讲述了一个相似的故事。事情发生在第二次黎巴嫩战争期间。“当时在黎巴嫩的达布村有一场预备役部队参加的战斗。在这场战斗中，我们有9名士兵和军官牺牲了，还有很多人身受重伤，其中就有我的侄子。后来，活着的战士认为，本场战斗的营长指挥不力才导致了如此惨重的伤亡，于是他们到了旅长那里，指责营长在战斗中不合格的表现。然后旅长就此事展开了调查，因为部下们所发起的一次抗议活动后来那个营长被迫下台了。”

亚阿隆相信以色列军队这种独一无二的特点也正是其效能发挥的关键

所在："对于领导来说，最关键的就是士兵对他的信心。如果你不相信他，如果你对他没有信心，你就不可能跟随他。如此说来，那个营长的确是失败的。或许是专业能力方面的失败，就如这个例子一样；或许是道德方面的失败，这种情况也时有发生。无论怎样，战士必须确信领导是被认同的——有号召力的——号召他主动参与各种事务。"

前西点军校教授弗雷德·卡根（Fred Kagan）认为，美国可以从以色列方面借鉴一些经验。他说："我并不认为一个指挥官总是担心自己的下属会不会越级去揭发自己是一种健康的状态，就像现在以色列国防军里的做法一样。但是从另一方面来说，如果在美国军队里，一个军官想要获得晋升，晋升委员会如实对其进行全方位的评估，这会给军队带来诸多好处。问题是现在在我们的体制中，激励都只来自于一方面，为了获得晋升，一名军官必须取悦越来越多的高级军官，底层的军官什么益处也得不到。"

奥伦从绝大部分军队中总结出来的结论（弗雷德·卡根称之为"不服从"）是：事实上，以色列国防军"比美国军队要和谐、主动得多"。这个结论看起来很奇怪，因为美国的军队号称是"志愿"军（虽然无偿，但有自由选择感），而以色列国防军是靠征召才建立起来的。

但是，奥伦解释说："在这个国家有一个不成文的社会契约：我们服务于这个政府设立的军队，军队会为我们负责……我想，比起2008年的美国军队，以色列军队的情况与1776年的大陆军（Continental Army）更为相似……顺便提一下，乔治·华盛顿就很清楚他的'将军'地位并不代表什么；他必须成为一名出色的将军，从根本上说，那就是要让人们发自内心地跟随他。"

奥伦所说的大陆军是一个极端的例子，因为这里的战士几乎每天都可以决定要不要继续做个志愿者。但是它是一支"人民的军队"，以色列国防军也是。正如奥伦所说，他们过去或者现在拼凑在一起，不正规但是很默契；因为他们过去或者现在是在为自己国家的存亡而战，由各个领域的人组成，为彼此而战。

不难想象，如果一个士兵不用因为告诉他的老板“你是错的”而忐忑不安，那他自然也就不会顾忌地位的问题。这种“肆无忌惮”，再经过在国防军里服役几年的锻炼，你就会明白为什么施瓦特·沙克德能在贝宝的总裁面前高谈网络上“好人”和“坏人”的区别，你也会理解英特尔的以色列工程师们如何敢执著地煽动公司管理层改变最基本的原则，放弃最核心的产品，选择更有行业价值的产品。自信与傲慢，挑剔、独立思考与不服从，雄心勃勃、远见卓识与莽撞自大——根据你自己的看法随便用哪个词吧，但是这就是典型的以色列企业家的写照。

第二部分

播撒创新文化

第三章　追逐“书”的人们

走远一点，停久一点，看透一点。

——《户外杂志》（*Outside Magazine*）

玻利维亚的拉巴斯海拔11 220英尺。El Lobo是一个集餐饮、住宿、社交为一体的场所，另外，它还是这个镇上唯一一个供应以色列食物的地方。它的经营者亦是其创立者——多丽特 · 莫拉利（Dorit Moralli）和她的丈夫埃利（Eli），两人都是以色列人。

几乎每个来到玻利维亚的以色列旅行者都会走进El Lobo，不仅仅因为那里有家乡的食物，可以说亲切的希伯来语，能够见到其他的以色列同胞，还因为他们知道在那里，他们会收获其他更有价值的东西——书。虽然听起来有些奇怪，但此处说的“书”其实并不是一本书，而是很多不拘泥于形式、一直处在更新过程中的日记集。在世界最偏远的角落也有它的踪迹，每一篇日记都是一本手写的“圣经”，是一个旅行者给另一个旅行者的建议。即便此书不再专属于以色列人，它的作者和读者依然会被认为是以色列人。

据多丽特回忆，El Lobo成为“书”的化身是在1986年。就在她的饭店开业刚一个月的那一天，4个以色列背包客走进饭店问道：“‘书’在哪里？”多丽特听后一脸困惑。于是他们解释说，那是一个可以让客人留下建议，提醒后来的旅行者一些注意事项的册子。然后他们出去买了一个新的日记本，把它送给了餐厅；同时用希伯来语写下了第一篇日记，描写一个丛林密布的边远小镇，他们想其他以色列人或许也会喜欢。

“书”的出现早于互联网，实际上20世纪70年代它就在以色列兴起了。但是，即便是在当今博客、聊天室和短信满天飞的时代，这种原始的、靠纸和钢笔支撑的习俗依然很受欢迎。El Lobo成了一个地区性的“书”中心，共有6卷：对最初始于1989年的那本书的传承，加上巴西、智利、阿根廷、秘鲁和南美洲北部地区各一卷。还有另外一些书在亚洲等地留存，它们最初都是用希伯来语书写的，今天这种书所用的语言种类已经很广泛了。

“各种语言写的记录随意穿插在一起，让人看得头疼；同时它也很美妙，是思考、争辩、自诩和过时的电话号码的狂欢派对。”《户外杂志》对那本珍贵的1989年版的“书”如此报道，“有一页是给那些‘漂亮的女孩’在迪斯科舞厅的建议。下一条推荐的是一个很特别的冰穴，撰写者认为这是个‘必去之处’（接下来直到有人在上面写下了一个大大的“不”，对撰写者的看法表示异议）。这条记录的后面紧跟着半页用日语写的记录，然后是密密麻麻的德语，用柱状图和表来描绘各种各样的植物……随后是一整页的涂鸦，建议人们在秘鲁马努国家公园的热带雨林里买一艘小船。接下来的7条附加说明和1条附言围绕相关方面作了一些说明；提防该死的蒸粗麦粉，小心那种有4种颜色，看上去很华丽的大嘴鸟。”

虽然现在“书”已经变成国际化的了，但依然保留着最初以色列人的痕迹。当地版本的“书”一直保存着，而且开始在各地出现一波“趋势”——希伯来大学的社会学家达里娅·毛茨（Darya Maoz）博士称其为以色列旅行者目的地“转变的时尚”。许多年轻的以色列旅行爱好者只是跟随着“书”的建议来确定下一个目的地，这是一群来自世界各地的冒险爱好者，看起来他们之间最常用的语言之一就是希伯来语。

很多人都知道一个关于以色列旅行爱好者的笑话，它在尼泊尔、中国台湾、印度、越南、秘鲁、玻利维亚和厄瓜多尔旅行者的身上同样适用。一个旅店老板看到一个前来住店的客人拿出以色列的护照，便问道：“顺便问一下，你们有多少人呢？”当年轻的以色列人回答说有700万时，老板震惊了：“那还有多少人留在以色列国内呢？”

很多国家的人都认为以色列一定和中国一样大，人口一样多。有这种想法并不奇怪，因为他们总是能看到以色列人。“他们比其他任何国家的人都多。”《户外杂志》说，“(以色列人) 承载着全世界流浪者最狂放的信念：走远一点，停久一点，看透彻一点。”

以色列人的旅行癖不仅仅是为了欣赏这个世界，它还有更深层次的原因。最简单的一个原因就是，在军队受了几年的约束之后，他们急切想要释放一下。雅尼夫（Yaniv）是以色列众多旅游爱好者中的一个，《户外杂志》对其采访的文章里写道：“他在军队时的发型留了好多年，现在看到他仍能让人想起他的过去：他的下巴上有一小块疤痕，被太阳晒黑的头发卷曲成令人生畏的样子，还有耳边那一绺正统的鬓发，所有这些都充满了狼人的味道。‘头发变成这个样子是因为以前在部队服役。’雅尼夫说，‘先打理好头发，再考虑旅行。’”

但是，原因多半不止于部队生活。毕竟，这些年轻的以色列人很少遇到来自其他国家的退伍军人，也就是说单纯的部队服役经历并没有驱使其他国家和他们一样的同龄人热衷于旅行。还有另外一个心理上的因素在起作用——对现实和外交孤立的反抗。“当周围都是敌人的时候，生活于其中让人感觉像是一座精神监狱。”以色列旅游杂志《Masa Acher》的编辑

耶尔 · 齐达（Yair Qedar）说，“天空如此开阔，那就走出去吧！”

直到现在，以色列人也不能到他们的邻国去旅游，尽管贝鲁特、大马士革、安曼和开罗距离以色列都不到一天的车程。与埃及和约旦之间的和平协议并没有从根本上改变这种状况，虽然一些好奇心强的以色列人也曾经拜访过这些国家。无论怎样，尽管只开放了一点点，但这并没有妨碍以色列人冲破枷锁的愿望，这种愿望从一开始就是以色列历史的一部分，或许在开始之前就是。

在这个叫做以色列的国家出现之前的很长一段时间，犹太人孤立的处境就已经存在。有一项针对他们的经济制裁可以追溯到1891年。当时当地的阿拉伯人怂恿巴勒斯坦的土耳其领导人阻止犹太移民入境，禁止他们进行土地买卖。1922年，第五次巴勒斯坦阿拉伯议会要求全面禁止犹太人的所有商业活动。

22国阿拉伯联盟开始正式抵制犹太人是从1943年开始的，以色列建国前5年，抵制的内容是禁止购买“犹太人在巴勒斯坦生产的产品”。后来，这项禁令延伸到了外国企业，禁止任何国家的企业和犹太人有购买或者销售行为（“二级”制裁）；再后来，这项禁令演化为禁止和列入黑名单的企业进行贸易往来（“三级”制裁）。韩国和日本几乎所有的大型汽车制造商都遵守了“二级”制裁禁令，包括本田、丰田、马自达和三菱在内，它们的产品不能出现在以色列的道路上。不过，富士重工显然是个例外，很长时间内它在以色列的市场几乎和本国的市场相当；但是，正因为如此，它被禁止将产品销往阿拉伯国家。

阿拉伯联盟国的每个国家都有一个官方的制裁办公室，专门督促常规抵制工作，监督二级和三级目标行为，同时找出新的抵制对象。乔治 · 华盛顿大学的克里斯托弗 · 乔伊纳（Christopher Joyner）教授说：“在所有同时期的制裁活动中，阿拉伯联盟国对以色列的制裁，从意识形态上来说，是最致命的；从组织上来说，是最复杂的；从政治上来说，是持续时间最长的；从法律上来说，是最富争议性的。”

有时候这种抵制的目标简直匪夷所思。1974年，阿拉伯联盟国将所有的巴哈伊（Bahai）教派列入黑名单，因为巴哈教在海法的庙宇成功地吸引了很多游客，这为以色列创造了收入；黎巴嫩禁止迪士尼影片《睡美人》在本国上演，因为电影中有一匹马用的是希伯来名字萨姆森（Samson）。

在这种情况下，年轻的以色列人想要摆脱排斥他们的阿拉伯世界，公然对抗他们的国家拒绝主义就是很正常的事了，就好像那句话，“你越想控制我，我就越要让你看到我能挣脱。”同样的道理，对于以色列人来说，接受网络、软件、计算机和电信等事物就很自然了。在这些领域里，边界、距离和运输费实际上都没有意义，就像以色列的风险资本家欧娜·贝瑞（Orna Berry）告诉我们的一样，“高科技通信成为一种全国性运动，帮助我们克服生活在一个被敌人包围的小国所产生的那种幽闭恐惧症。”

这不仅仅是因为偏好或者方便，更多是出于一种需要。

因为以色列不得不将自己的产品出口到很远的市场，慢慢的，以色列的企业家对那些大型的、易识别的制造品就比较排斥，因为它们的运输成本很高。而同时，那些体积小、不知名的组件和软件就比较吸引他们的注意力；如此一来，在全球经济转向知识型、创新型的背景下，这种状况反而为以色列的完美表现奠定了基础。值得一提的是，现在全球的这种趋势还在继续。

很难估计在过去60年里，阿拉伯国家的制裁和其他国际性禁令——比如法国的军事禁令——对以色列造成了多大的损失。从丧失的市场以及对国家经济发展造成的困难上来说，损失估计高达1 000亿美元。但是要想估计这些制裁给以色列带来了多少好处同样难以估算：由此激励以色列人通过不懈的努力促进国家的发展，他们所取得的成果又如何计算呢？

今天，毫无疑问，以色列的公司已经完全融入中国、印度以及拉美国家的经济发展中，正如欧娜·贝瑞所说，电信业在以色列很早就获得了优先发展。现在，中国各大通信公司都依赖于以色列的电信设备和软件。当今中国第三大社交网站——为这个国家2 500万年轻人提供网络浏览服务的公司，其实是一家以色列创业公司，叫做库拉诺集团（Koolanoo），它在希伯来语中的意思就是“我们所有人”，该公司由一名来自伊拉克移民家庭的以色列人创建。

说到灵活的终极体现，不得不提到以色列那些投资于库拉诺集团的风险资本家。起初库拉诺只是犹太人的一个社交网站，不能不说他们把这个网站及其所有管理层移至中国是个明智之举，在中国，这些年轻的以色列人和中国的管理者可以并肩工作。

吉尔·克尔布斯（Gil Kerbs）曾服务于以色列8200部门，也在中国度过了很长一段时间。当初他离开以色列国防军后，收拾起行囊来到北京，专心学习汉语。他有个一对一的老师，每天都要学习5个小时的汉语，如此坚持了一年。在这一年里，他同时在一家中国公司工作，目标是要在那里建设一个企业网络。今天，吉尔·克尔布斯在以色列是一名风险资本家，主攻中国市场，他的一家以色列公司在为中国最大的零售银行提供语音生物计量技术。他说，实际上，以色列人在中国的日子要比在欧洲的日子轻松得多。“首先，我们比那些‘观光客’早到中国一步。”他所说的“观光客”是指近几年才发现中国是一个新兴市场的那些人，“第二，中国人对犹太人没有丝毫的敌意，确切地说，这里很欢迎我们。”

在发现并进入这类市场方面，以色列人的确要远远领先于他们的竞争者；一部分原因是因为他们必须跳过中东地区，去寻找新的机会。年轻的以色列背包客足迹遍布全球和以色列的科技企业家们渗透到国外市场，这两者之间的联系再明显不过了。只要过了20岁，绝大部分以色列人都尝试着到外面的世界去挖掘机会，他们从不惧怕进入一个陌生的环境，也不担心和一种完全不同的文化打交道会出现什么问题。事实上，根据军事历史学家爱德华·勒特韦克的粗略估计，大部分以色列人在35岁的时候就已经游历过超过12个国家。以色列人在新兴经济体和在未知领域中的活跃，另一部分原因是因为他们常常在外面的世界追逐着"书"的踪迹。

耐特菲姆（Netafim）公司是这种贪婪的国际性的例证之一，这是一家以色列人的公司，现在是全世界最大的滴水灌溉系统供应商。这家公司始建于1965年，它为以色列技术落后的农业架起了一座桥梁，将其引至现在正日益盛行的清洁技术领域。

耐特菲姆公司由辛迦·布拉斯（Simcha Blass）创建，他是以色列建国初期最大的一项基础设施工程的建筑师。辛迦·布拉斯出生于波兰，第一次世界大战期间，他在华沙组织的犹太人自卫战中表现出色，20世纪30年代来到以色列之后不久，他很快成为国家自来水公司麦考罗特（Mekorot）的首席工程师，负责管道与运河事业，筹划将约旦河和加利利湖（Sea of Galilee）的水引到干旱的内盖夫（Negev）地区。

布拉斯滴水灌溉的灵感来自于邻居家后院一棵茂盛的树，一棵看上去应该"缺水"的树。最后证明，这棵大树是靠通过地下水管缓慢渗透出来的水维持生长的。当现代塑料技术在20世纪50年代成为现实时，布拉斯意识到滴水灌溉在技术上已经可行，他为自己的发明申请了专利，并和位于内盖夫沙漠地区的基布兹哈策里姆达成合作协议，共同开发这项新技术。

之所以说耐特菲姆公司是先行者，并不仅仅因为它创造性地使用了滴水灌溉技术，在将农作物的产量提高了50%的同时还节约了40%的水资源，更主要的是因为它是基布兹地区第一家工业企业。在此之前，基布兹集体公社一直是以农业为基础，想把它的产品出口到世界其他地方去简直就是天方夜谭。

耐特菲姆公司真正的优势在于它不受距离的限制，只要哪个地方需要它的产品，那里的市场就属于耐特菲姆。20世纪六七十年代的时候，世界上还有许多西方的企业家未涉足的市场，这给了耐特菲姆公司捷足先登的机会。结果，耐特菲姆公司现在的业务领域覆盖了全球110多个国家，横跨5个大洲。亚太地区的澳大利亚、越南、中国、新西兰、印度、泰国、日本、菲律宾、韩国和印度尼西亚都有耐特菲姆的办事处，南美洲的阿根廷、巴西、墨西哥、智利、哥伦比亚、厄瓜多尔和秘鲁也有公司的分支机构，耐特菲姆在欧洲和前苏联地区还有11个办事处，另外在北美地区也设有1个办事处。

因为耐特菲姆公司的技术如此不可或缺，许多历来对以色列充满敌意的外国政府也开始向以色列开放外交渠道。耐特菲姆在前苏联地区的伊斯兰国家比如阿塞拜疆、哈萨克斯坦和乌兹别克斯坦等国尤其活跃，苏联解体后，这些国家和以色列政府的关系逐渐好转。2004年，以色列贸易部长埃胡德 · 奥尔默特（Ehud Olmert）跟随耐特菲姆公司的行程来到南非，希望在那里促成新的战略联盟；结果此行收获颇丰，不仅为耐特菲姆签下了3 000万美元的合同，还在两国政府之间就农业和干旱地区的发展达成了“谅解备忘录”。

以色列的企业家和主管们让人们觉得他们总是在攸关国家利益的时候自作主张地行使一些外交权力，不过也有许多在全球游历的以色列商人并不仅仅热衷于科技的传播，他们会更加努力地“推销”整个以色列经济，乔恩 · 米德维——“昵称晴雨表”的发明者——就是这样一个人。

米德维在加利福尼亚长大，在那里他接受较多的是政治方面而不是工程方面的教育，他的第一个职业是犹太复国主义组织者。1981年米德维搬到了以色列，在那里他继续去各地演讲，向以色列人讲述以色列的未来，以此来维持生活。但是1982年，在他和以色列最大的防御工程承包商Rafael的一位管理人员的谈话中，米德维的梦想破灭了。那位经理很突然地对他说，他现在做的事情只是在浪费时间和精力，以色列不再需要专门的犹太复国主义者或者政治家。“以色列需要的是商人。”米德维记得那个人是这么说的。米德维的父亲在加利福尼亚经营着一家小公司，主要生产光电发射器和光电接收器，从此以后他开始在以色列推销父亲公司的产品，不再从一个基布兹到另一个基布兹去兜售犹太复国主义者的未来，而是从一个公司奔到另一个公司销售光电技术产品。

后来，米德维进入投资领域，并以他在耶路撒冷的车库作为办公地创建了以色列种子风险投资公司。经过不懈的努力，他的资本超过了2.6亿美元，投资的以色列公司多达60家，其中包括Shopping.com，现在已被eBay收购，还有Compugen和Answers.com，这两家公司都已在纳斯达克上市。2006年，米德维离开了种子风险投资公司，自己开创并经营一家创业公司——Vringo，这家公司率先将视频铃声用于手机，这项技术很快就占领了欧洲和土耳其市场。

但是米德维自己的公司还不是最重要的。尽管他为公司做了很多事情，但他总是把更多的时间花在推广以色列的经济上——他的投资者总是抱怨他用在这方面的时间太多了。每次要出国的时候，米德维总要不辞劳苦地带上一个便携式投影仪和一台电脑，电脑里下载并存储了以色列几乎所有的科技成就及图片展，在演讲或者是和某人的谈话中，米德维会一一列举所有对以色列来说有意义的事件，例如哪个公司被收购了或者上市了。他还把所有的“以色列制造”科技分成了很多类。

米德维在展示时，会半开玩笑地说，如果以色列跟随“英特尔芯片”的路线——要让英特尔芯片无处不在——把“以色列芯片”也作类似的定位，那么现在只要是人类可以触及的地方肯定都能见到它们的影子。米德维还举了一些例子：从计算机到手机，到医疗设备和特效药，到基于网络的社交网，到先进的清洁能源，到我们所吃的食物，到我们购物的超市中的寄存器，以色列的科技几乎无处不在。

然后米德维会暗示房间里的跨国公司管理者，如果他们还不在以色列设立工厂，那么他们很可能就会遭受损失。米德维发现，公司经理们在听他的陈述之前和之后一定会问，他们的竞争者中有哪些已经在以色列建厂了。“我们接触的任何事物背后几乎都有以色列的影子，原因就是在以色列我们可以发现几乎一切公司的影子。你的公司在吗？”米德维问道。

不管在哪个国家，米德维所扮演的这个角色应当是当地的商会会长、贸易部长或外交部长。

不过，创业家米德维的演讲绝不仅仅是在他投资的人之间进行，在准备这些演讲的时候，米德维总是有些激动：“难道我不能在那些从以色列走出去的、有前途的新公司面前谈论Vringo吗？当然可以，这是个宣传公司的大好机会。”但是他抵制了这种诱惑，“我宣传的对象是以色列，我的那些美国的投资者为此常常痛批我——‘你正在帮你的竞争对手，而不是你自己的公司。’他们是对的，但是他们应该看到那个更大的目标。”

米德维是一台永动机，从不知疲倦，在过去的15年里，他每年都要进行大约50场演讲。如此计算下来，在世界各地，在超过40多个国家的大学和科技会议上，米德维总共进行了大约800多次的演讲。此外，那些国际知名人士在拜访以色列时，也都曾是他的听众。

《红鲱鱼》杂志首席执行官亚历克斯·维克斯告诉我们说：“我参加过在各大洲举行的无数次高科技会议，总是能看到像米德维那样的人在为大家作演讲，旁边就是其他国家的同行们。别人都在为自己的公司作宣传，而以色列人从来都是为以色列作宣传。”

第四章 哈佛、普林斯顿和耶鲁

这里的社会关系非常简单，大家彼此都认识。

——约西·瓦尔迪

阿米尔·哈里韦（Amir Halevi）与我们见面的地点约在他耶路撒冷的家里，当时他身穿飞行员制服，但是一点儿也没有《壮志凌云》（*Top Gun*）里的感觉。他的谈吐温柔可亲，对人细致周到而且还特别谦虚。虽然身穿制服，但他看起来更像是一名文科大学生，丝毫不会让人想到这是一名在军队服役的飞行员。但是，当他自豪地说起以色列空军如何训练出全世界最优秀的飞行员时，你就会知道他是多么适合这个职业。以色列空军当然是全世界最优秀的，这从众多国际竞争以及他们的战斗记录中便可得到证明。

当其他国家的学生还在考虑该去哪所学校就读时，以色列的年轻人却在衡量各个军事单位的优势和劣势；当其他地方的学生还在考虑该如何做才能进入最好的学校时，许多以色列的年轻人却在准备随时听从国防军精英单位的召唤。

阿米尔在12岁的时候就已经决定要学阿拉伯语，很大一部分原因是因为，当时他就知道这很可能会帮助他进入军队最优秀的情报部门。

但是，这种想要进入优秀部门的压力在他们17岁的时候才会真正到来。每年此类消息会在以色列中学的高年级和低年级学生之间传得沸沸扬扬，谁被叫去参加飞行员的课程选拔了？谁被要求去参加另外的侦察队、海军突击队的选拔了？谁去参加空降兵、步兵旅的选拔了？又有谁去参加所有这些单位中最挑剔的、隶属于总参谋部的突击队——总参直属侦察营（Sayeret Matkal）的选拔了？

还有哪位同学被叫去参加精英情报部门比如8200的选拔了？当初施瓦特·沙克德和Fraud Sciences的合伙人就在这个部门服役。谁会去国防军计算机系统事业部？谁又能去Talpiot——在这里不仅会接受技术上的训练，还有机会参与所有顶级突击队的作业。这个部门将技术练兵和全面参与所有顶级突击队的作业结合在一起。

在以色列，达到应征年龄的前一年，所有17岁的男孩和女孩都要到以色列国防军的征兵中心去报到。第一天他们会参加各种筛选，包括体能和心理测试、面谈以及初步的医学检查；最后一天，公布健康和心理评定结果。在进行个人面谈时，年轻的候选人会知道自己都有可能服务于哪些部门。达到健康、能力和性格等各项要求的合格的候选人，将有机会参加另外的资格测试，这是他们通向某个国防军精英部门或机构的又一道关卡。

举例来说，空降兵的测试每年进行3次，一般都是在应征者达到应征年龄之前的几个月时间里进行。这些年轻的普通人要用两天的时间去接受严格的体能和心理测试，最初4 000个候选人会被分成400人一组，对应不同的部门。然后属于空降兵的400人候选小组要自愿参加进入特种部队之前所需的现场测试和筛选过程，这就意味着又有连续5天、重复11遍的强化训练。每次训练都要持续好几个小时，而且总是在很严格的时间限制下进行，训练所伴随的身体和心理的压力也越来越大。全部训练持续期间，休息很短暂，睡觉的时间几乎没有，食物不多，留给你吃的时间更是少之又少。参加训练的人想起来都觉得这5天的时间就是一段很长的模糊状态，几乎分辨不出白天和黑夜，没有手表，也没有手机——教官尽可能让他们的这段经历变得模糊不清。在5天结束的时候，每个战士都会有一个名次。

一旦最终的分数确定下来之后，每队排名前20位的战士会立刻开始长达20个月的训练期。那些一起完成训练的人会一直作为一个团队度过他们的常规军和预备役生涯，这个团队会成为他们的另一个家庭，他们会留在预备役一直待到45岁为止。

顶级的以色列大学或许很难进，但是在这个国家可以和哈佛、普林斯顿和耶鲁相媲美的是国防军的精英部门。如果离开部队后你想申请加入某个机构，那多半要向未来的雇主讲述你在国防军精英部门所经历的筛选过程，以及你已经拥有的各项技能和相关的经验。

“在以色列，从某种程度上说一个人在学术上的经历比不上其在军队的经历重要。在求职过程中，每次面试必问的一个问题就是：你在军队的哪个部门服役？”吉尔·克雷布斯说，他曾经服役于军队的情报部门——后来开始追寻“书”的脚步，现在在风险资本领域工作，主攻中国的科技市场。“在网上有许多工作机会和招聘广告，专门注明了‘只要8200的毕业生’。8200毕业生聚会现在是全国性的，与其他种类的聚会不同的是，他们不会把时间浪费在历数过去参加过的战斗或者对往昔的追忆上；他们会向前看，这些昔日的战友们把精力都集中在生意网络上。成功的8200企业家们会在聚会的时候向校友们讲述自己公司或者所在行业的经验。”

我们能够看到，以色列空军和精英突击队的选拔很挑剔，训练复杂且难度大；此外，其毕业生素质之高也是众所周知的。但是，以色列国防军还有一个部门，其苛刻的选拔标准、超强的军事训练比之前者只能说有过之而无不及，而且这个部门专攻科技创新领域，那就是Talpiot。

Talpiot这个名字源自《旧约·雅歌》中的一首诗，意指城堡的塔楼，象征至高成就。Talpiot的特点就是要求条件高，而且在以色列国防军中需要的训练时间是最长的——41个月，这比大部分士兵全部的服役时间还要长。进入这个项目的士兵都要另外签署一份延长6年的服役协议，所以他们的最短服役期也得9年。

成立Talpiot的想法最初是由菲力克斯·多森（Felix Dothan）教授和沙尔·雅兹夫（Shaul Yatziv）教授提出的，两位都是希伯来大学的科学家。1973年赎罪日战争之后他们提出了这个建议。当时，整个国家仍然处在战争重创后的恢复期，人们还沉浸在缅怀死难者的哀痛中。这场战争对以色列来说代价无疑是沉重的，它提醒以色列必须掌握科技上绝对的优势，以此弥补国土面积小、人口少的弱点。随后，两位教授向以色列国防军总参谋长拉斐尔·埃伊坦提出了这样一个简单的想法：把一小部分以色列最具才干的年轻人聚在一起，由大学和军队来为他们提供最集中深入的科技训练。

这个项目，一开始只定了一年的试验期，截止到现在已经持续了30年。每年，以色列高级中学中2%最顶尖的学生（2 000名左右），被叫去参加选拔。在这些人中，最后能通过一系列的测试（主要是物理和数学测试）的只有1/10，这留下来的200名学生接下来会接受为期两天的人格和能力集中测试。

一旦准许进入该项目，Talpiot的军士会加速取得数学或者物理专业的学位，同时他们会了解到以色列国防军各个分支在技术方面的需求。他们所接受的学术方面的培训范围远远超出以色列或世界其他国家普通大学生所接受的培训范围——他们要在更短的时间内学到更多的东西。除此之外，他们也要经历和空降兵一样的基础训练，这么做的目的就是要让他们对以色列国防军各个主要的兵种都有整体的了解，以便于他们能更深刻地领悟到“科技和军队的需求——尤其是这两者之间的联系”。多森说。

虽然经过培训后这些学生拥有了较宽的知识面，但是这并不是这些课程设置的终极目标。真正的目的在于把他们培养成以任务为导向的领袖，培养成能解决问题的人。

为了实现最终的目标，学员们就要不断地接受新任务，教官仅给予最低程度的指导。有些任务很简单，比如为同伴组织一场会议，协调发言人、设备、运输及食品等事宜。而有些任务就很复杂，比如将远程通信网络嵌入一个活动的恐怖分子的手机里。

但是更具典型意义的情况是，让这些战士针对某些具体的军事问题找出跨学科的解决方案。比如，国防军的直升机飞行员常常因为飞行过程中产生的共鸣导致严重的背痛，某个军士小组就负责解决这个问题。首先，军士们要找出测量飞行中的共鸣对人体脊椎产生影响的方法。基于先前的研究，他们设计了一个专门的座椅，装在直升机模拟飞行器里；然后在椅子的靠背上挖了一个洞；接下来，他们放了一支钢笔在飞行员的后背上，让他在飞行模拟器中“飞行”，同时用高速摄像机记录下不同振动产生的特征；最终，通过对计算机数据进行分析，对运动形态进行研究，他们重新设计了飞行座椅。

假如这些军士能顺利通过开始两年或者三年的课程，那么他们将成为真正的“Talpion”。这个称号将为他们带来许多威望和声誉，无论是在军队还是在普通人的生活中都受用不尽。

Talpiot项目整体归属Mafat负责。Mafat是以色列国防军内部的研发部门，可以和美国的精密国防研究计划局（DARPA）相媲美。Mafat的工作让人垂涎但却非常敏感，它有权分派任何一个人到国防军的任何一个具体部门，一待或许就是他在正规军服役的6年时间。

从一开始，Talpiot项目的超级精英定位就惹来了众多非议，因为军方的领导认为在这么少的人身上投入如此多的成本有些不值得，这个项目差点无法启动。最近，又有些人说这个项目其实是失败了，因为绝大多数毕业生结束了9年必需的服役期后，都没有留在军队；而且在结束之时，他们也都未在军队中获得高级职位。

虽然Talpiot培训的首要目标是要维持以色列国防军的科技优势，不过这种将领导经验和技术知识结合起来的训练，对于创造一个新的企业家来说也是最完美的了。尽管在30年的时间里，这个项目仅培养了650名毕业生，不过后来他们都成了以色列顶级的学术专家，或者全国最成功的企业的创始人。NICE Systems——福布斯排行榜100家公司里有85家公司的电话监测系统都是由这家全球公司提供的，它的创始人就是几个Talpion。Compugen公司也是如此，该公司是人类基因解码和药物开发的先驱。许多以色列的科技公司都在纳斯达克证券交易所上市了，它们要么创始人是Talpion，要么就是有Talpion在公司成立过程中担任过重要的角色。

所以Talpiot的创建者多森和雅兹夫有充分的理由来反对那些批评的言论。首先，他们认为Talpiot在国防军内部开展的服务竞争，有力地证明了自己存在的价值，有时候竞争的胜负甚至需要总理来评定；其次，他们认为Talpion在6年的服役期间，很轻松地就能将花费在他们身上的投资弥补回来；第三——也许是最重要的一条，2/3的Talpiot毕业生无论是在学术领域，还是在创建科技公司方面，都在继续为国家的经济和社会作出巨大的贡献，只不过是用另一种方式报效国家罢了。

Talpion可能代表着以色列军队精英中的精英，但是这个项目背后的战略意义——通过提供更广泛深入的培训，培养创新和解决问题的能力，已经明显渗透到了以色列军队的方方面面，而且看起来已经成了以色列精神的一部分：教人如何精通各种领域，而不仅仅在一个专业上追求极致。

Talpiot项目为以色列经济和社会的发展带来了许多益处，当然也同样给部队带来了许多益处。但是这种优势被我们所理解并不是以色列人的功劳，当然这份功劳也不属于美国人。加里·西恩博格看起来更像是一个水手（短小精悍的那种），而不是一个科技奇才，这或许是因为他曾有18年的英国海军服役经历。他现在是英国电信公司主管技术创新的副总裁，我们遇见他是在特拉维夫市的一个酒吧里。当时已是深夜，他在以色列出差，正打算去海湾地区的迪拜。

“有人试图从基因的角度解读以色列人难以解释的创新能力，”西恩博格说，他自己倒是有另一种独到的见解，“我想这应该归因于成熟，因为在这世界上没有其他地方的人在科技创新中心工作的同时还要服兵役。”

每个以色列人年满18岁都要去部队至少服役两到三年；兵役结束后，他们多数都会去上大学。“比起世界其他国家的人，以色列人在服完兵役后进入大学的比例要高出很多。”西恩博格说。

事实上，联合国经济合作与发展组织（OECD）统计的数据显示，以色列45%的公民都接受了大学教育，这个比例在世界范围内都位列最高水平。另外根据瑞士洛桑国际管理学院（IMD）公布的《世界竞争力报告》显示，以“大学教育是否能满足竞争性经济的需求”为标准，以色列在60个发达国家的排名最近已升至第二位。

大部分以色列年轻人结束大学学业的时候，都是二十五六岁的年纪，有些人在这个时候已经拿到研究生学历，大部分人会选择在这个时候结婚。“所有这些都会对一个人的心智产生影响。”西恩博格推理道，“他们已经相当成熟，获得了很多生活经验，（对他们来说）创新只是找到那些想法而已。”

创新常常依赖于某个与众不同的想法，而想法来自于经验，真正的经验往往和年龄或者成熟相伴相从。只不过在以色列，人们在很年轻的时候就已经获得足够的经验、想法和成熟度，因为以色列的社会里充斥着如此多变革和挑战性的因素，甚至在高中毕业之前他们就已经深深地受到了感染，等到他们进入大学校门的时候，他们的心智和生活在美国的同龄人已经完全不同了。

“你对生活的看法会完全不同，我想那是因为后续教育、年纪较轻时结婚以及在军队的经历——我在英国海军服役18年，所以对这些事还是有些了解的。”西恩博格继续说道，“在部队，你必须反应迅速……有时候必须去作生或死的抉择，你懂得了什么是纪律，你会努力锻炼自己做事的决心，尤其是当你在前线或者面临正在进行的一些事时。这些在生意场上也是很有用的。”

当这种成熟和那种接近孩子气的冲动结合在一起时，它所产生的能量是不可估量的。

从出生开始，以色列人就热切关注自己的未来——无论是眼前的还是遥远的——他们总会认真地考虑，每一步都有很长远的意义。马克·吉森（Mark Gerson）是一个美国企业家，投资了很多家以色列创业公司。他说：“如果一个以色列男人想要与某个女人约会，他当晚就会叫她出来；如果一个以色列企业家在生意上有个想法，他本周就会付诸实施。一个人在冒险之前应该先积累经验的道理根本不存在，虽然这在生意场上或许真有些用处。过多的时间和经验只能教给你察觉现存或即将发生的问题，不会教会你创新和改革的能力。”

和其他应征入伍的年轻人一样，对于埃米尔来说，以色列国防军为他提供了一次激动人心的机会，让他通过各种考验证明自己。除此之外，以色列国防军还为这些年轻人提供了另外一种很珍贵的经历：在以色列国内为他们创造一个独特的环境，在这个环境里，来自不同文化背景、不同经济形态、不同宗教信仰的同龄人，男孩和女孩，一起合作共事，共渡难关。

在这里，有的犹太人来自俄罗斯，有的来自埃塞俄比亚，有的是来自特拉维夫郊区爱出风头的土生土长的以色列人，有的是来自耶路撒冷犹太神学院的学生，还有的是来自基布兹农业合作社成员——所有这些人可能会聚在一个小队里，朝夕相处度过两到三年的时间，之后20多年的预备役期间，每年的服役时间他们还会重温这种时光。

如前所述，以色列国防军从结构配置上就非常依赖于预备役部队，因为对于这么小的一个国家来说，要想保持充足大量的常备军是不可能的。因此对于那些预备役期间的士兵来说，在军队中的时间常常是变化的，每年几周或者有时候是一年就一周的时间，这期间你要离开自己的职业和个人生活去参加部队的训练。所以也不难想象，许多商业关系就是在长期共同作业、执行警卫任务或者训练的过程中建立起来的。

"哈佛商学院（HBS）每5年举行一次校友聚会，"塔尔·凯南（Tal Keinan）说，他是一名以色列战斗机飞行员，同时也是哈佛商学院的毕业生，"非常有趣，它会帮助你稳固自己的社交圈。我们用两天的时间来和同学聊天，坐着听演讲。想想如果是每年都有一次这样的聚会，每次都持续两到四周的时间，聊天的对象是你在部队相处了3年的战友，只不过你们不能坐下来听讲座，而是在边境上安全巡逻，这会让你得到一些完全不同的或许是终生难忘的回忆和友情。"

事实上，在军队服役期间所建立起来的关系，已经形成了另一个交际网，这个交际网虽然不大，但却是个互联互通的世界。"在这个小小的世界里，人与人之间关系非常紧密。"约西·瓦尔迪说。他是十多个互联网创业公司的教父，同时还是一家冠军级网络商的创始人。和乔恩·米德维一样，瓦尔迪也是以色列富有传奇色彩的商业大使。

瓦尔迪说他知道以色列的公司都是不用招聘广告的。"都是靠口口相传……这里的社会关系非常简单，大家都彼此认识。或许我和你的兄弟一起在部队服役，或许你的母亲是我们学校的老师，或许某人的叔叔正好是另一人所在连队的指挥官——没有人能隐藏起来，如果不做点什么，你是不可能消失在怀俄明州或者加利福尼亚州的。在这里，一切几乎都是透明的。”虽然在以色列这种内在的联系是非常突出且普遍的现象，但它所带来的益处不仅仅只限于在以色列。

***

毋庸置疑，以色列国防军也和其他国家的军队有诸多共同之处，比如在为精英部门招募人员时，选拔过程都异常苛刻。但是，和以色列不同的是，对于大多数国家而言，一般都是从志愿者中进行招募，他们不能对每个高中学生的成绩进行排名，然后邀请那些成绩最好的人来参与精英部门的选拔，最后只选出最好的几个。

比如说，在美国，军队只能在应征的新兵中对本部门表示兴趣的人之间进行选择。一个美国征兵人员指出：“在以色列，军队有权选择最优秀、最聪明的人；在美国，情况恰恰相反，我们只能寄希望于那些最优秀、最聪明的年轻人选择我们。”美国许多军事分析家抱怨说，预备军官训练团（Reserve Officers Training Corps）想要从常春藤联盟学校招募到优秀的新兵变得越来越难了。

美国的军队每年都在竭尽全力去寻找最优秀的兵源，同时希望那些优秀的年轻人会对服务于美国军队感兴趣。以西点军校每年的招生为例，美国学生的平均分一般在3.5左右，招生部门可以搜集到各类统计数据，量化这些学生候选人的领袖才能，包括高中时期担任过体育代表队队长的人数（60%），担任过高中班班长的人数（40%），等等。同时，招生部门还拥有庞大的数据库，全面记录所有有可能应征的学生的资料，这些资料通常可以追溯到被记录人的小学时期。作家戴维 · 利普斯基（David Lipsky）

在他关于西点军校的书《绝对美国化》中说："……如果你在6年级的时候写过一封信给西点军校，那么以后每6个月你就会收到一封来自西点的信，直到你进入高级中学。之后你收到信的频率会是原来的两倍。"每年，大约有5万名高中生进入西点军校，每个新生班最多有1 200人，5年的课程完成后，花费在每个毕业生身上的教育成本高达25万美元。

即便作了这么多的努力——像西点军校的招生部门那样竭尽全力，美国陆海空三军中还是有很多高级官员感到很沮丧，因为他们没有合适的渠道来获得大多数美国学生的学业成绩。没有这些，他们就很难制订针对性强的招生计划。

同一位美国军人的谈话让我们更加认识到了以色列机制的经济价值，海军中校约翰 · 洛瑞（John Lowry）是一名海军步兵军官，高中毕业后就参加了海军陆战队，25年来一直在正规军或者预备役部队服役。他拥有哈佛商学院的MBA学位，同时还在哈雷 · 戴维森（Harley Davidson）——一家资产数十亿美元的高档休闲摩托车制造公司任职。与此同时，在预备役部队服役期间他还完成了在非洲角和波斯湾的执勤工作，参与了沙漠风暴行动。洛瑞每月都要花两周的时间带领1 000人的海军到全国各地的预备役基地，除此之外每年还要进行为期一个月的新兵招募工作。值得一提的是，洛瑞还负责管理几家哈雷的工厂，大约有将近1 000名员工。

白天的洛瑞是一个高级商务管理人，晚上的洛瑞则对海军陆战队进行培训，为去伊拉克的征程作好准备。他游刃有余地在两者之间转换，唯一的愿望就是，希望他这样的军队生活体验在美国的商界能像在以色列的企业家中那样普遍。

"年轻的你进入军队，军队会教会你很多。当你接受某项任务的时候，它会让你知道你要为发生的每件事负责……为没有发生的事负责。"洛瑞说，"像'这不是我的错'这种话在军队是绝对不存在的。"在第二章里我们已经听法希说过许多类似的事情了，连队指挥官要为发生在自己所管辖区域内的所有事情负责。“大学生活不会教你这些……承担着巨大的风险和压力。”洛瑞这位普林斯顿大学的毕业生说，“一旦你在那个年龄，经历着那种压力，现实会逼着你在做任何事之前都要想好接下来的三步或者四步该怎么做……在战场上……生意场上亦是如此。”

海军陆战队的关系网对洛瑞来说很重要。他的战友们就是他的内部顾问委员会。“这是属于另一个世界的友谊，在工作之外，但是他们中又有许多人和我所做的工作有关。就在几天前，我还和一位海军中校商量事情，他在雷神公司（Raytheon）驻阿布扎比的公司担任管理职位。我有许多像他这样的伙伴，我们彼此相识的时间短的有5年，长的达25年之久。”

在培养年轻领袖方面，让他们明白洛瑞所说的“社交范围”，军队要比大学有效得多。“和你一同服役的人来自各行各业。军队就是这样一个地方，完全以你的表现为准。大家都是一样的，你要学会如何与人相处，无论他来自哪里。这一点即便是今天在生意场上也让我受益匪浅——在我和我的供应商和客户打交道的时候。”

是不是这一切听起来都和在以色列企业家文化中发挥了重要作用的以色列国防军的角色很类似？应该是。虽然大多数以色列的企业家都深深受益于以色列国防军对他们的影响，遗憾的是，在硅谷，有军队生活背景的人还是少之又少，这也很难在美国的大型企业中得到普及。

以色列企业家乔恩·米德维已将几家创业公司售予美国的大公司，他告诉我们说：“提到有军队经验的个人履历，硅谷简直有些无知。说来惭愧，对于那些从伊拉克和阿富汗战场上回来的天才领袖来说，这是多么可惜的浪费啊！美国的商业界根本不知道该如何利用这些人才。”

这种距离不仅仅存在于商业领域和军队之间，美国军队和市民生活之间的距离应该说更远，这一点是西点军校的领导阶层在十多年前发现的。1998年的夏天，西点军校的管理者，中将丹尼尔·克里斯曼（Daniel Christman）和部队总司令，上将约翰·阿比扎伊德（John Abizaid）在新泽西的收费高速公路上，将车停在路旁的服务站里，到连锁餐厅丹尼斯就餐。尽管他们B级绿色部队制服上的三颗星赫然可见，女服务员还是微笑着热情地向克里斯曼和阿比扎伊德将军表达了她的谢意，感谢他们保持了公园里的清洁。这位女服务员竟误以为两位将军是公园服务机构的员工！

虽然美国军队官员的服务范围很广，但大多数美国人的生活都和军队没什么关系，更不用说真的认识那些服过役的人了。即便是在今天，美国又多了两条新的战线，现役的美国人也只占总人口的1/221。相比之下，美国在二战结束时，在军队服役的人占到了总人口的1/10。《最伟大的一代》（*The Greatest Generation*）的作者汤姆·布罗考（Tom Brokaw）告诉我们，二战后没有在军队服过役的年轻人很难找到工作，而今天情况却正好相反。"这个人肯定有问题。"如果私企老板们发现退伍军人在找工作，他们多半都会有这种猜想。布罗考说，1975年越南停战协议签署后，戴维·利普斯基所说的那种方式发生了变化，"平民文化和军队文化握手言和，彼此互换电话号码之后便不再联络。"

这种趋势暗含的经济层面的意义让我们想到了阿尔·蔡斯（Al Chase），他经营着一家招聘公司，专门负责把美军军官输送到私人企业部门，有小的创业公司，也有像百事可乐和通用电器这样的财富100强公司。蔡斯的公司已经为数百位退伍军人安排了工作，他知道战场上的经验对于创业所需的精明有多重要。依蔡斯之见，冷战时期的军事是不同的，因为年轻的军官们可以全身心地投入到自己的事业中，他们没有积累到实际的战争经验。但是伊拉克和阿富汗战争改变了这种状况，几乎所有的年轻军官都会参与到多条战线的战争中。

就像伊拉克给我们的直观印象一样，"9·11"恐怖袭击事件之后的战争很大程度上就是在扫平叛乱，关键的决策都是由排队和连队指挥官来决定的。比如，戴维 · 彼得雷乌斯 （David Petraeus）上将在伊拉克平息叛乱的做法就是，美国军队不仅要在伊拉克当地的居民区不断巡逻，更要驻扎在附近，以保证平民的安全。这是和早期战争期间绝大多数军队的处理方式不同的，也包括伊拉克战争刚开始的那几年。那时候，美军的士兵和海军都住在前线作战基地，那里设备齐全，空间很大，差不多就是复制了美国国内的军事基地。一个标准的前线作战基地至少能容纳一个师——大约1.5万~2万名士兵，也许会更多。但是从2007年开始出现的住宅区基地一般仅可容纳25~50人，或者海军的一个排及其他比较小的组织。这样一来，在日常的作业中，这些驻扎在住宅区基地的队伍就拥有了更多独立决策的空间，小队的指挥官也得到了更多授权，对日常之事当机立断地作出决策。

费楠森（Nathaniel Fick）是一名海军上尉，曾参与了阿富汗战争和伊拉克战争，之后他开始攻读哈佛商学院和肯尼迪政府学院的双学位，同时还在写书，讲述自己的经历，书名叫《一颗子弹之外》（*One Bullet Away*）。费楠森告诉我们，他已经养成了“三街区作战”（three-block war）的习惯，在伊拉克和阿富汗，“海军要一边在这个街区分发食物，一边负责巡逻维护另一个街区的安定，同时还要应付第三个街区密集的交火事件，所有这些都同时发生在一个区域内。”

在美国的这些新战线上，那些低层的指挥官发现自己同时扮演着小镇镇长、经济重建沙皇、外交官、部落谈判家、数百万美元资产的管理人以及首席安全官等诸多角色。根据不同情况，他们穿梭在各种角色之间。

现在，就像在以色列国防军一样，美国的初级指挥官也偶尔会向高级军官提出挑战，这在过去是不大可能会发生的。之所以有了这种变化，很大一部分原因是因为，许多初级指挥官参加了多条战线的战斗，也看到许多同伴在战争中失去了生命，他们认为正是那些糟糕的决策、战略的缺乏，还有高层提供的劣质资源才使得情况如此糟糕。美国军事分析专家弗雷德·卡根（Fred Kagan）解释说，美国的士兵和海军“在有些意识上已经赶上了以色列人，比如一个执行过很多次任务的初级指挥官就可以拂逆他的上级，而不用太过担心什么”。作战经验和下属挑衅上级的倾向之间存在着一定的联系。

因为有了这种在战场上的经历，那些从伊拉克和阿富汗战场上回来的人，对于驾驭商业世界比以往有了更充足的准备——无论是要打造一家创业公司，还是要领导一个更大的企业顺利度过这动荡的时代。

阿尔·蔡斯建议退伍士兵们不要受就业市场上其他人的影响，那些人一直浸泡在商业领域，也懂得运用一些行业的“术语”。但是，阿尔·蔡斯说，退伍军人带给你的可都是他的这些竞争对手做梦都不会有的东西，包括那种成熟的意识——什么是真正的“生死攸关”，什么是次要的；如何激励士气；如何诱导大家达成共识；经历过战争严酷考验后的真正的道德和伦理规范。

布赖恩·泰斯（Brian Tice）现在是一名步兵军官。以前，他在担任美国海军陆战队上校的时候，就决心进入商业领域。那时他虽然只有30岁，却已经参加过5条战线的战斗，其中包括海地和阿富汗。第六条战线——伊拉克战场的经历也已经开始。他在伊拉克阿尔阿萨德空军基地一栋残破的建筑物中，撰写了申请斯坦福大学MBA课程的论文，这栋建筑物在伊拉克西部的安巴尔省，那里的暴乱接连不断，他只能在闲暇时完成自己的论文。他的工作总是在午夜进行。泰斯是120名战士的行动指挥官，他必须为每次与叛乱分子和基地组织的交战做好一系列准备工作——需要布置多少武力，需要多少海军陆战队队员，需要多少空中支援。如此一来，留给休息和为未来作计划的时间就只有白天了。

基地距离斯坦福大学有8 000英里之遥，泰斯无法按照学校的要求亲自去参加面试，为此学校专门为他安排了一次电话交流。泰斯站在沙漠中一个空旷的地方，在狙击作业和敌人的袭击中接受了这次电话面试。他不得不请招生部门的官员原谅盘旋在头顶的直升机发出的噪声，当迫击炮降落在他附近时，他不得不挂断了电话。

越来越多的美国军官开始申请MBA的课程，就像泰斯上校一样，正在迈出非同寻常的一步。2008年，参加管理学研究生入学考试（GMAT）的人中有15 259名或者6%的人曾有过在军队服役的经历。在弗吉尼亚大学达顿商学院，来自军队的申请人2008年比2007年增加了62%。2008年的新生共有333人，其中40人来自军队，38人曾在阿富汗或者伊拉克服役。

GMAT委员会是GMAT考试的管理单位，他们专门为那些从战场上来的人优先安排了一条通向商业学院的通道，叫做“MBA操作”项目。该项目用来帮助战士找到合适的商学院，可以免除申请费或者提供助学金，甚至可以在他们资金紧张的时候缓交学费。GMAT委员会甚至还在军队的基地设立了GMAT测试中心，其中一个2008年建在了得克萨斯州胡德堡基地，另外一个计划设在日本的横田空军基地。

但是在美国公司中，真正明白战斗经验的重要性，以及其在商业领域的价值的招聘人员和主管很少。正如乔恩·米德维所说，大部分美国生意人根本不懂得如何去读军人的简历。阿尔·蔡斯说，许多他接触过的退伍军人，在初试阶段就会被草率地刷下去，因为他们全部的领导经验都来自于战场。高决策风险下的案例研究，在战争区对众多士兵和设备的管理，他们的这些经历往往只会换回面试官一句类似于这样的话：“那真是有趣，但是你曾经有过一份真正的工作吗？”

第五章　混沌与秩序边缘

怀疑和争辩——这是犹太文明的特征，也是今天的以色列的特征。

——阿莫斯·奥兹

世界上大约有30个国家是义务兵役制并且服役时间超过18个月，其中大部分是发展中国家或者非民主国家，或者两者皆是。在第一世界国家中，仅有3个国家有如此长的义务兵役制：以色列、韩国和新加坡。这也不足为奇，这3个国家或者是一直遭受着外部威胁，或者在近几年因为生存问题发生过战争。

自20世纪20年代以色列建国之后，阿拉伯世界就频频制造各种动作，在无数次的战争中摧毁或者削弱以色列。韩国所处的朝鲜半岛一直动荡不安，气氛紧张。新加坡人则一直生活在二战期间被日本占领的阴影中，后来苦苦争取独立，直到1965年才取得胜利，之后又是很长一段时间的动乱时期。

新加坡的国民服役制度是在1967年确定下来的。“我们必须保卫自己，这是关乎生存的大事。作为一个小国，我们人口不多，要想建立足够规模的军队……唯一的出路就是义务兵役制。”新加坡国防部长张志贤说，“这不是一个轻易就能作出的决定，因为义务兵役制会对每个新加坡公民产生很大的影响，但是我们别无选择。”

新加坡刚刚独立时，只有两个步兵团，而且是由英国创建并指挥的，其中2/3的士兵甚至都不是新加坡本地人。为了获得新的想法，这个城市国家的第一任国防部长吴庆瑞博士找到了前任以色列驻泰国大使莫德哈伊·基德龙（Mordechai Kidron），他们是一起在亚洲工作时认识的。“吴庆瑞博士跟我们说，他们觉得只有以色列——这个被伊斯兰国家围困的小国……能够帮助他们建立起一个规模虽小机动性却很强的部队。”基德龙回忆说。

新加坡在两年的时间内经历了两次独立事件。第一次是1963年作为马来西亚的一部分从英国获得独立；第二次是1965年为了避免内战，从马来西亚获得独立。新加坡现任总理吴作栋如此描述该国同马来西亚的关系：自从一次“不愉快的婚姻破裂”后，双方就一直处于紧张状态。新加坡人同样也承受着来自印度尼西亚的威胁。

应吴庆瑞博士之邀，以色列国防军授命陆军中校耶胡达·戈兰（Yehuda Golan）为年轻的新加坡军队撰写了两本手册：一本关于作战技术及国防部门的架构，另一本关于情报机构。之后，6名以色列国防军军官及其家眷奔赴新加坡，对士兵进行培训，协助新加坡建立一支以义务兵役制为基础的军队。

因为同样有义务兵役制和正规的军队，新加坡也从以色列国防军的预备役模式中借鉴了许多经验。每个士兵在完成常规的服役后，还要到预备役部队中，每年进行几次短暂的服役，直到33岁为止。

对于新加坡建国时的那一代人来说，义务兵役不仅仅是为了保家卫国。“社会各阶层人士，在雨中，在烈日下，肩并肩一起训练，一起跑步上山，练习在丛林和建筑物中的团体作战技巧。这些在义务服役期间共同的经历会将他们联系在一起，塑造出新加坡国民的身份和特点。”总理吴作栋在新加坡建军35周年纪念大会上如是说。

“我们的国家还在发展，我们的父辈都是移民……他们说在部队，每个人——无论是华人、马来人、印度人还是欧亚混血儿——都只有一种肤色：烈日晒过后的深棕色！当他们学会作为一个团队去战斗时，他们会彼此信任，彼此尊重。一旦我们必须为保卫新加坡而战，那么我们也会为了自己的伙伴奔赴战场，就像为了这个国家一样。”

如果把新加坡换成以色列，那么这番话应该是由戴维·本-古里安来讲了。

新加坡的军队是效仿以色列国防军的模式建成的——这种模式是众多以色列企业家成长的基础，但是这只“亚洲虎”却未能培育出诸多创业公司，为什么？

并不是新加坡的发展不够引人注目。它的实际人均国内生产总值已经超过了3.5万美元，这在世界上也属于第一军团之列，从建国以来新加坡平均每年的实际国内生产总值增长率为8%。尽管拥有如此骄人的经济增长纪录，新加坡还是未能始终保持住其在世界经济中的地位，这使得该国的领导人开始重视在历史上就与新加坡的文化相悖的东西：创新精神、冒险精神和灵活性。

因为越来越清晰地意识到在冒险精神上存在的差距，新加坡财政部部长尚达曼（Tharman Shanmugaratnam）为此拜访了纳瓦·斯沃奇-索菲(Nava Swersky-Sofer)，后者是一位以色列的风险资本家，经营着希伯来大学的技术转让公司，公司名叫伊素姆（Yissum），负责世界十大学术项目之一，这主要是从学术研究的商业化方面衡量的。尚达曼有一个问题要问纳瓦·斯沃奇-索菲：“以色列是怎么做到这一点的？”他当时正在参加在该地举行的20国集团会议，但是他缺席了最后一天的首脑聚会，去了以色列。

现在，这个问题甚至都已经惊动了新加坡的开国之父李光耀，这位曾担任了三届总理的大人物说："是到了要在商业领域掀起新一波的创新潮的时候了。我们需要新的尝试，需要更多的创业者。"

但是对于纳瓦来说，最具挑战性的是如何找到一种途径，把以色列国防军最重要的两个即兴因素"转移"到新加坡，这不是简单地开始义务兵役制，建立预备役部队就能解决的。这两个因素就是：创新和自适应的文化。

***

"我会从另一个全然不同的角度提供一个类似的例子给你。"塔尔·里森费尔德（Tal Riesenfeld）用理所当然的口吻说，"如果你想知道我们是如何教会士兵即兴发挥的，那就去研究一下阿波罗计划吧，当年吉恩·克鲁兹（Gene Kranz）在美国航空航天局完成的这项工作，被美国历史学家奉为领导力的经典，这也正是许多以色列的指挥官期望从战场上得到的。"里森费尔德对我们提出的关于以色列创新精神的回答看似完全答非所问，但却是经验之谈。在就读哈佛商学院的第二年，里森费尔德和一位同在步兵团服役过的伙伴共同创立了一家创业公司，他们向哈佛提交的商业计划书在激烈的竞争中击败了另外70个团队，获得了第一名。

以优异成绩从哈佛商学院毕业后，里森费尔德拒绝了谷歌邀请他去特拉维夫创办EyeView的大好机会。他非常平静并且肯定地告诉我们，他的公司"肯定能够成功"。里森费尔德的自信部分可能源于他从以色列军队最挑剔的选拔程序和训练项目中脱颖而出的经历。

在哈佛商学院的时候，里森费尔德就对"阿波罗"13号和"哥伦比亚"

号航天飞机的失事展开了研究。2003年“哥伦比亚”号的坠毁对以色列人来说有着特殊的意义，因为在遇难的宇航员中有一位空军上校伊兰·拉蒙(Ilan Ramon)。他是以色列第一位宇航员，在很久之前，拉蒙就是以色列人心目中的英雄，曾经参与过1981年以色列对伊拉克在奥西拉克核设备的空袭。

哈佛商学院的教授埃米·埃德蒙森（Amy Edmondson)、迈克尔·罗伯托（Michael Roberto）和理查德·波梅尔（Richard Bohmer）花了两年的时间对“阿波罗”号和“哥伦比亚”号案例进行研究和对比。最后这些研究形成了一个课题，该课题后来成了里森费尔德研究的基础，他试着从企业管理的视角分析这两次失败所带来的教训。当里森费尔德2008年在哈佛商学院第一次看到这个案例时，它所反映的问题立即让他觉得这和突击队的情况非常类似。但是里森费尔德为什么要向我们提及这个案例呢？这与以色列或者与其创新经济之间有什么关联呢？

“阿波罗”13号危机发生在1970年4月15日。当时飞船已经行驶了全部航程的3/4，距离尼尔·阿姆斯特朗（Neil Armstrong）和巴兹·奥尔德林（Buzz Aldrin）走出“阿波罗”11号之后还不到一年的时间，美国航空航天局正在高速前进。但是，当“阿波罗”13号以每小时两千英里的速度发射升空两天后，飞船的一个主氧气罐爆炸了。“休斯敦，我们出问题了！”

在休斯敦的约翰逊太空中心，飞行控制指挥官吉恩·克鲁兹负责管理这次飞行任务——包括应对危机。他很快就得到了一些数据，这让他意识到情况会迅速恶化。首先，船上的氧气仅能维持18分钟，片刻之后这个数字被修正为7分钟，然后又成了4分钟，局面正在飞速脱离控制。

经过美国航空航天局几位科学家周密的计算，克鲁兹最终通知宇航员进入更小的登月舱。按原本的设计，登月舱应该是“阿波罗”在太空中完成任务后丢弃的部分，它有一小部分氧气和电力。克鲁兹回忆说，他必须找出一个办法“提高对资源的利用率，要能够勉强维持两人两天、三人四天的需要。”

然后克鲁兹和休斯敦控制中心的一些科学家将自己锁在一个房间里，一直到诊断出氧气罐的问题，找到让宇航员利用“阿波罗”返回地球的办法才出来。这种问题他们已经不是第一次遇到了。几个月前克鲁兹把这些人聚到一起，不断地变换着配置，每天都让他们去解决大量随机突发的各种紧急状况。他不仅对团队之间的互动很有信心，同时对团队和美国航空航天局外部合作商之间的互动也非常自信。克鲁兹确信在训练期间，他们所有人都在尽心尽力，即使有时候要打破不允许外部人员在航空航天局开展工作的内部规则，他不想让陌生的感觉在这里存在。因为或许有一天，他们必须共同面对一场危机。

危机进入第三天的时候，克鲁兹和他的团队已经成功地找出办法，可以让“阿波罗”返回地面，但是要消耗掉一小部分电能，这是必需的。《纽约时报》发表社论说，如果不是“航空航天局的专家团队奇迹般的应急发挥”，这次危机原本是致命的。

这真是一次让人难以置信的壮举，吸引了无数人的关注。但是，这和以色列有什么关系呢？里森费尔德说，让我们的思绪再次回到2003年的2月1日，“哥伦比亚”号进入飞行的第16天，当它再次进入地球大气层时，突然发生了爆炸。我们现在知道是一片1.67磅重的绝缘泡沫塑料在飞行中从机身下部主燃料箱上脱落后，击中了左侧机翼的前端，在机翼上形成了一个洞，后来导致超高温空气从机体表面缝隙进入机翼内部。

从泡沫第一次击中机翼到之后的爆炸，中间有两周多的飞行时间，在此期间是否有人尝试过通过某种努力来修复“哥伦比亚”号？

在看过哈佛商学院的课题后，里森费尔德肯定了这种想法。他说航空航天局的几位中级工程师曾提出过这个问题，但他们的声音被忽略了。他们在追踪会议的监视视频上看到了泡沫的脱落，之后立即将看到的情况通知了航空航天局的高层。但是这些工程师得到的答复是：泡沫“问题”不是什么新鲜事——在之前的飞行任务中，也曾有泡沫的脱落破坏了飞船的情况，但从来没酿成过事故。所以，这只是个维护问题。前进。

工程师们并未就此罢休，他们努力想引起领导的注意，因为引起这次破坏的泡沫是所经历过的“最大的一个”。他们请求让美国轨道运行中的卫星多拍摄几张被损坏机翼的照片，但是，他们又一次遭到了拒绝。他们提出的另外一个请求——让宇航员出仓接近被破坏的地方，在返回地球之前对其进行修补——管理层甚至都未加考虑。

航空航天局在那之前也遇到过泡沫脱落的情况，从未引起过什么大麻烦，这应该被看做是一种常规的情况——没必要再深入讨论。航空航天局的管理层就差直接通知这些工程师们“走开”了。

这是哈佛商学院课题的一部分，也是里森费尔德关注的焦点。课题的作者解释说，机构的框架一般是基于两种模型：一是标准化模型，常规和体制控制着一切，包括要严格地遵守时间和预算等，二是实验模型，每天人们都会对每次练习、每条新信息进行评估和讨论，就像那种研发实验室的文化。

在“哥伦比亚”号存在的那个时代，美国航空航天局的文化就是要遵守常规和标准。管理层尽力支持每条新的数据融入到僵化的系统中去——军事情报分析专家罗贝塔 · 沃尔斯泰特（Roberta Wohlstetter）说，这是“刻板地遵循已有信条”。这个问题在世界其他地方的情报分析中也会遇到，在评估敌人的行为时经常会出现错误。

美国航空航天局从“阿波罗”号时期的创新文化，到“哥伦比亚”号时期僵化的标准化文化的转变，开始于20世纪70年代，当时美国航空航天局请求议会出资支持新的飞船项目。据称新的飞船是一种可再利用的航天器，它将会大大节约太空旅行的成本。尼克松总统说过，这个项目将“使人类到近太空的交通方式发生革命性的变化，并使其常规化。”据预测，这个飞船将打破历史，每年可以往返太空50次。美国前空军总参谋长塞拉·威纳尔（Sheila Widnall）是“哥伦比亚”号事故调查委员会的成员之一，他后来说，美国航空航天局对“哥伦比亚”号的定位是“一架可以让你轻松着陆、返航以及如此重复多次的747”。

但是，哈佛商学院的教授指出：“太空旅行，在很大程度上和技术创新是一样的；从根本上来说都是一种实验性的努力，然后再按照实验的情况对实际操作进行调控。每次新的飞行都应当看做是一次重要的测试和收集数据的机会，而不仅仅是过去实验的重复和常规化的应用。”这也正是里森费尔德推荐我们看这个课题的原因所在。以色列人在战场上作战其实也是“实验性的努力”，就好像我们在前面看到的1973年以色列人对付赛格的故事一样。以色列人的军事和创业从很多方面来看，就是阿波罗文化的典范，里森菲尔德说。

与这种阿波罗文化相关的，还有纳瓦·斯沃奇-索菲的评估，那是一种敢作敢为、负责任的态度。在以色列的军队里，战士们被分为两类，一种是想法大胆的人；另一类是做事谨小慎微的人，比较倾向于逃避，在接受命令时尽量避免承担责任和额外的工作。第一种人的思考方式意思是遵守命令，但是却尽可能以最好的方式完成，运用判断、投入等所有一切需要的努力，使用这种思考方式的人把即兴发挥看得比纪律重要，挑战上级比尊重等级重要。事实上，“挑战上级”对于那些直接来自于战后军事委员会（我们稍后会看到）的初级以色列士兵来说是被禁止的。但是对于新加坡人来说，他们的行为方式和第一种人的心态完全相反。

只要到了新加坡，你会立刻发现这里很整洁，整洁得令人惊讶：修剪完美的绿地和繁茂的树木穿插在宏伟的摩天大楼之间，几乎每个角落都能看到全球金融机构的警戒部队。街道上没有一点垃圾，甚至连那些无伤大雅的碎纸屑都很难看到。每个新加坡人都懂得如何讲求礼貌，如何减少争执和噪声，如何在公共场所嚼口香糖。

整洁的习惯很自然地延伸到了政府机关，李光耀的人民行动党自新加坡独立以来就一直在努力维持这一点。这就是李光耀想要的样子，他一直觉得一个充满活力的政治对手会破坏他志在创建一个有序高效的新加坡的蓝图。公共的异议要么是被直接镇压了，要么就是被压抑着。这种情况在新加坡看来是理所当然的，但在以色列它就是很稀罕的事了。

于瓦尔·多坦（Yuval Dotan）是一位以色列空军飞行员，同时也是哈佛商学院毕业生。在面对“阿波罗”号和“哥伦比亚”号的问题时，他说他相信如果美国航空航天局坚持探索的原则，那么泡沫脱落一事在当天的“述职报告会”上就会被拿到桌面上，然后让大家认真讨论。在以色列军队的精英部门，每天都是一场实验，每天都会以一场让人筋疲力尽的会议作为结束。团队里的每个人——不论等级——坐在一起分析这一天，不管战场上或者世界其他地方正在发生什么，这都是雷打不动的。“述职报告与训练以及为生存而进行的战斗一样重要。”于瓦尔·多坦告诉我们，每次飞行练习，模拟的或者真实的，都被看做是一项实验室工作，“检验，再检验，然后再再检验，对新的信息敞开怀抱，遵循丰富-加热-讨论的过程。这就是我们的训练之道。”

在这些小组的述职报告中，重点不仅在于大家都可以毫无顾忌地畅所欲言，还在于自我批评成为一种让所有人——下属、同级以及上级——都能从每个错误中有所收获的方式。“会议一般会持续90分钟，每个人都要亲自上阵。这是一个艰苦的过程。”多坦一边说，一边回忆起他的军旅生涯中那次最难熬的述职报告。“同伴‘遇难’了（在模拟器中），对他们来说这很艰难，但是对于那些战争中——甚至是在日常的培训练习中——活下来的人，接下来最艰难的就是进行述职报告。”

多坦是以色列空军的一名中队指挥官，驾驶喷气式歼击机。“在同一件事或者决策上，如何对不同的观点产生的分歧进行沟通和分析，是我们军队生活中经常要面对的一部分内容。以至于述职报告成为一种考核，如果做得好就可以获得加分，在飞行学校以及通过中队考核的所有方式中……有数不清的问题考核的就是一个人在述职（包括为自己述职以及为他人述职）方面的能力。”

找各种理由为错误的决定开脱是不被接受的。“袒护自己所做的一切只会让你不受欢迎。如果你搞砸了，那么你的工作就应该是告诉大家你从中得到了什么教训，大家从袒护和遮掩的人那里是学不到东西的。”

述职报告的目的也不简单地是为了承认错误，其真正的作用在于，假如飞行员能将错误转化成一次改善个人和团队表现的机会，那么这样的犯错是被允许的。这种将重心放在建设新的正规的原则、有效利用经验上的做法，在以色列国防军中是相当典型的。整个以色列军队的传统就是减少传统，指挥官和士兵都不会仅仅因为它在过去发挥过作用，就固守某个想法或方法。

这种活跃文化的种子说起来要追溯到以色列建国时的那个时代。1948年，以色列军队还没有任何草案、传统的东西或者属于自己的主义，也没有从英国引进任何体系。在以色列独立之前，英国的军队一直统治着巴勒斯坦。据军事历史学家爱德华·勒特韦克说，从这个角度来讲，以色列同所有后殖民地区的军队都完全不同。“形成于战争之中，起初只是地下的民兵组织，许多人都只是在地窖里用木制的手枪进行训练，后来却在残酷的镇压和长时期冲突的压制下，取得了快速的发展。成长中的以色列军队，没有沉默地接受既成的传统和信条，借鉴其他大多数军队的情况，而是为自己打上了创新、善辩和反传统的标志。”

此外，每次战争后，以色列国防军都会根据激烈的讨论、争辩的结果对军队的结构进行影响深远的改革。

1948年独立战争结束后，部队正在遣散一部分士兵，本-古里安便委派一位接受过英式培训的军官哈伊姆·拉斯科夫（Haim Laskov）审视以色列国防军的结构。拉斯科夫面前放着一张空白的表格，他被要求对这支军队进行彻底的重组。“在战败后有如此评估结果并不让人惊讶，”勒特韦克说，“以色列人甚至在战争胜利后也会进行结构的创新。新的体系不见得一定比旧的好，但是引进的新鲜思想会防止军队思想的僵化。而思想的僵化往往是胜利之后的罚金，也是日后失败的伏笔。”

1967年以色列在六日战争中取得的胜利是由平日里累积的努力决定的。在战争开始的前几天，阿拉伯国家公开说他们将大获全胜，加之以色列缺乏国际支持，很多人相信这个犹太国家真的到了生死存亡的关头。但是以色列先发制人地发动了一场袭击，摧毁了埃及在地面上的全部空军力量。虽然这场战争被称为六日战争，但其实胜负在第一天就已成定局，只是几个小时的事。最后，阿拉伯国家的军队全部退回到了边境线上。

然而，即使是胜利之后，同样的事情还是发生了：先是对国防军结构的详细分解，然后是自我评估。事实上，在一场胜利的战争后，许多高级官员都被解雇了。

即便如此，在那些更富争议的战争结束后，如此做法就更不用奇怪了。比如1973年的赎罪日战争、1982年的黎巴嫩战争、2006年的黎巴嫩战争，大部分以色列人都认为这几场战争是彻底的失败。战后，以色列成立了全方位的调查委员会，对这个国家军队和政府的领导进行评估。

“美国军队内部也有行动后的报告，”军事历史学家、前美国国务院高级官员埃利奥特·科恩（Eliot Cohen）说，“但这些报告是分类的，是完全内部化的、独立的工作。我曾经跟美国军队的高级官员说，他们应该像以色列一样，在战后成立完全开放的国家委员会。在此基础上那些高层的官员应该负起责任来，而且整个国家都可以参与讨论。国家一定会从这种做法中受益。”

但是这种情况在美国短期内是不会发生的，许多像陆军中校保罗·英林（Paul Yingling）之类的人都会充满挫败感。“在过去的7年中，我们失去了数千条生命，花费了几千亿美元，努力为两个中等大小的国家带来稳定。未来我们再也不能承受如此缓慢的进程了。”这是保罗·英林在弗吉尼亚州匡提科的海军基地发表演讲时说的话。麻烦的是，2007年他在一篇颇富争议的论文中写道：“一个战士失去手枪所遭受的后果要远大于一个军官输掉一场战争。”

另一方面，以色列人对委员会如此痴迷，以至于即使是在一场生死攸关的战争中，当局也要设立一个这样的机构。1948年的7月，以色列独立战争正在进行，政府成立了一个委员会，由来自各个政治领域的领导主持该工作。当时战争仍在进行，埃利奥特·科恩称之为“让人目瞪口呆的片刻”。该委员会用了3天时间倾听部队官员对政府和军方在战争期间及本-古里安的微管理政策下的种种不满。在战争进行期间成立一个委员会，是个很有争议的决定，很可能会分散官员的注意力；但是，正如塔尔·凯南早先告诉我们的，在以色列，述职报告和战争本身一样重要。

在2006年的黎巴嫩战争期间，这种严格审查和国家性的述职完全是在公开的状态下完成的。一开始，政府的决定得到了几乎是全体人民的大力支持，2006年6月12日对黎巴嫩真主党进行大规模的反击，甚至在北部的人民遭到导弹袭击1/7的以色列人被迫离开自己的家乡时，这种公众的支持还在延续。

比起其他地区，那些生活在被导弹袭击地区的人们更加支持继续对敌人进行打击，这种支持推测起来可能源自于以色列人宁愿自己遭受痛苦，也要看到敌人遭到毁灭性打击的想法。

但是，在2006年，以色列没能摧毁真主党，甚至也没能动摇真主党在黎巴嫩的地位，迫使其释放被绑架的以色列士兵。战后人们对政府和军队领导的反对声非常强烈，公民纷纷要求国防部长、国防军参谋长和总理下台。在面对面的战斗中，以色列的6个连队（大约600名士兵）能杀死400名敌方战士，同时只有30人的伤亡，但是这场战争被认为是以色列战略和训练的失败。而且在公众看来，这有悖于以色列国防军的核心理念，是很危险的。

事实上，黎巴嫩战争是个不同于以色列成功企业家模型的案例，而后者在先前的战争中被证明是成功的。据曾领导过很有名望的以色列国防军规划部和国家安全委员会的乔治亚·爱兰德（Giora Eiland）将军分析，在这场战争中以色列国防军有三个原则性的失误需要注意：“作战部队的表现欠佳，尤其是在陆地上；最高指挥部的失误；拙劣的指挥和控制流程以及不确定的规范，包括传统价值观。”尤其是，“缺乏开放的思想，而这一点对于弱化固守旧思想的风险、降低对未受质疑的假设的依赖，是很必要的，但却是罕见的。”

换句话说，以色列是败于缺乏组织和即兴发挥。爱兰德也明确指出，战士们并没有充分意识到“战争的胜负就在我们自己的肩上”，指挥官“太过迷信科技的力量，给人的感觉是即使不在地面上也可以进行一场颇具战术的陆地战。”

最后，爱兰德平息了抱怨。也许这就是典型的以色列人，你很难想象在别的国家的军队里会出现这种情况。

第二次黎巴嫩战争的问题之一在于，士兵太过于遵守高级军官的命令，而高级军官又太迷信总参谋长的决定。当然，最终的决定肯定是由总参谋长来定夺，而且一旦决定下来，所有的人都必须全力以赴去执行。但是，当感觉不对的时候，高级军官有义务去和总参谋长争论，当然这种争论要完全基于专业的角度以及他们所看到的事实。

一切大的机构，无论是军队还是企业，都必须始终防范顺从、集体思维的出现，否则这种整体性的趋势会促使机构轻率地陷入某种可怕的错误。遗憾的是，大部分军队，还有众多的企业，看上去更愿意为了纪律牺牲灵活，为了体制牺牲主动，为了可预测牺牲创新。但是，这些不是以色列的方式——至少在原则上。

爱兰德建议以色列国防军应该考虑使用严厉的措施来巩固其传统的反等级、创新及充满魄力的理念。"允许低级官员规划和主导正在进行的安全行动，减少上层对它的控制，以便于他们能更好地应对一场传统的战争。这样做是否正确，是否可行？"爱兰德也没有确切的答案。

2006年的战争对于以色列国防军来说实在是一次非常昂贵的警醒服务，整个国家都品尝到了思想僵化、空洞的恶果，这种情况在长期不经历战争考验的部队是很常见的。就以色列来说，以色列国防军将注意力转移到了突击队式的作战方式（这种方式用于对付恐怖分子很合适），但是却忽略了传统战争所需要的作战技巧和能力。

不过，以色列人对此事的反应与其说是加强等级制度，不如说是更放松对等级的要求，将更多的权力和责任下放到基层，更努力地工作，更加鼓励低级军官去挑战高层。这种激进的推进方式，被认为是对"核心价值观"的恢复，而不是解放。

***

所有这一切对于新加坡来说意味着什么呢？不仅要效仿以色列军队的结构，还要将以色列的创新精神引进到经济体中？正如我们在前面看到的，新加坡和以色列的秩序是完全不同的，它对顺从的坚持、对礼貌的追求，还有那些精心修剪的草坪、一党专政的政治体系，已经将变化从这个经济体中彻底清除了。

根据研究创业主义关键因素的新的经济学派的说法，当人们能够跨越界限、颠覆社会规范、在经济体中制造动乱时才会产生变化，所有这些因素都会催生激进的思想。或者，据哈佛大学心理学教授霍华德·加德纳（Howard Gardner）说，不同的“异步性……缺乏合适性，是一种不同寻常的模型或者不规则”，能够刺激经济创新。

因此，对于变化来说最可怕的障碍就是秩序。适当的混乱不仅是健康的，也是非常有必要的。在这个领域中比较领先的思想家——经济学家比尔·鲍莫（Bill Baumol）、鲍勃·利坦（Bob Litan）和卡尔·施拉姆（Carl Schramm）认为，“复杂性科学”中有一个概念叫做“混沌边缘”（edge of chaos），用它来描述这种最理想的环境是最合适不过的了。它所说的边缘是指“河口区域，在这里严格的秩序和随机的混乱碰撞在一起，制造出很高的接受度、复杂性以及创新性。”

这恰恰就是以色列的企业家们所成长的环境，他们受益于稳定的体系和先进民主国家的法律，但同时也受益于以色列没有等级制度的文化氛围。这里的每个商人都生活在相互重叠的社交圈里，有的是小社团，有的是共同服过兵役，有的是邻居，都是非正式的圈子。

如此说来，军队——尤其是空军的精英部门、步兵团、情报部门和信息技术部门能成为成千上万名以色列高科技创业公司的孵化器也就不足为怪了。其他国家或许可以培养出一小部分这样的人才，但是以色列经济却从大胆猜想和批判的思量中受益良多，通过灌输实验性的理念，而不是注重标准化的理念从底层强化，要让这种使经济受益的现象影响到整个国家，乃至整个世界。

创业的国度

START-UP NATION

第三部分

历史与传统

第六章　基布兹故事

想让人们相信在沙漠里面养鱼并非无稽之谈，可不是件容易的事情。

——塞缪尔·阿佩尔鲍姆教授

以色列人之所以有今天的成就——60年内50倍的经济增长——肯定不仅仅是因为以色列人独特的气质、风格，久经沙场的企业家精神或者地缘政治的偶然事件，其中肯定也有政府政策的影响在发挥着作用。这些政策肯定适应于这个国家军事和公民的情况，也肯定承受了许多波折。

以色列的经济史上有两次很重要的飞跃，隔断这两次飞跃的是一段时间的停滞和恶性通货膨胀。政府的宏观经济政策在企业家加速经济发展、扭转经济发展的颓势方面发挥着重要的作用，这一点甚至连政府都没料想到。

第一次飞跃是从1948年到1970年，在此期间，以色列的人均国内生产总值几乎翻了4番，人口增长至原来的3倍，同时还打了3次大仗。第二次飞跃是从1990年至今，在此期间，整个国家从原来的一潭死水转变成为全球创新的先驱地。这两次飞跃实现的基础完全不同，几乎是相反的：第一次要归功于企业家型政府，当时政府主导着小的、原始的私人部门；第二次飞跃是通过促进企业家型私人部门的繁荣来实现的，这要得益于政府采取的刺激手段。

***

第一次经济上的飞跃可追溯至建国以前，这大概要从19世纪晚期说起了。19世纪80年代，一些犹太移居者打算在他们新建立的城镇佩塔提克瓦（Petah Tikva）建立一个农场社区，这里距离现在的特拉维夫市仅有几英里远。一开始他们住在帐篷里，后来有一些先驱者开始雇用当地的阿拉伯人，为他们修建泥制的房屋。但是，每当下雨的时候，这种房子甚至比帐篷还要脆弱，而且当雨水漫过堤岸，这种屋子就被彻底地摧毁了。还有一些移居者遭受着疟疾和痢疾的折磨。仅仅只是几个冬天之后，农民们的积蓄就用光了，路也被洪水冲没了，他们再次受到饥饿的威胁。

1883年，形势开始出现转机，法国籍犹太银行家兼慈善家爱德蒙·德·罗斯柴尔德（Edmond de Rothschild）为该地区的发展投入了大量的资金。一位农业专家建议那些移居者在河水蔓延所形成的沼泽地里种上尤加利树，这些尤加利树的树根很快就将沼泽里的水吸干了，疟疾因此在当地的发病率大大降低，越来越多的人开始定居到这个成长起来的新社区里。

从20世纪20年代开始，在这10年里伊休夫（Yishuv ）地区——建国前巴勒斯坦的犹太人聚集区——的劳动生产率增长了80%，社会产品增长了4倍，同时犹太人的人口也翻了一番。当时全球经济正处在1931年到1935年的低迷期，巴勒斯坦地区的犹太人和阿拉伯人的年平均经济增长率分别为28%和14%，这简直太让人震惊了！

就像佩塔提克瓦的那些社区一样，这些由移居者建立起来的小社会实现了爆炸式的经济增长，如果单靠当地人自己的力量是不可能造就这种成绩的。一波又一波的移民潮冲击着这些地区，那些外来的移民不仅增加了当地的人数，更主要的是带来了先进的理念，改变了这个慈善性经济体的发展方式。

在这些移民中有一位年仅20岁的律师，叫戴维·格鲁恩（David Gruen）。1906年他从波兰来到这里，初来乍到之时他就把自己的名字改名为本-古里安——那是公元70年罗马时期一位犹太将军的名字。格鲁恩很快成为伊休夫公认的领袖。以色列作家阿莫斯·奥兹曾写道："在这个国家成立之初，许多以色列人眼里的本-古里安就是摩西、乔治·华盛顿、加里波第和上帝的结合体。"

本-古里安也是以色列第一位全国性的企业家。西奥多·赫茨尔（Theodore Herzl）曾经为人们描述了一幅犹太主权国家的理想画卷，而且试图用这种理想去鼓励离散的犹太人建立一个主权国家；但是真正将这幅美好画卷从理想变为现实的，是本-古里安。第二次世界大战后，温斯顿·丘吉尔形容乔治·马歇尔将军是同盟国"胜利的组织人"。将丘吉尔的话稍微改动一下用到本-古里安的身上，就是"犹太复国主义的组织人"；或者套用商业词汇来说，本-古里安就是"操控者"，实际上是他建立了这个国家。

本-古里安在经营管理和物流规划方面所完成的工作是极其复杂的，单就其中的移民吸收一事来说就极具挑战性。这些都是史无前例的，甚至时常让人心生退缩之意。从20世纪30年代到纳粹对犹太人的大屠杀结束，成千上万的欧洲犹太人被驱逐到集中营，有些逃到了巴勒斯坦地区，另一些逃出来的则被许多国家拒之门外，于是他们被迫到处躲藏着生活，常常要面对极其恶劣的环境。1939年，英国政府——统治巴勒斯坦的殖民国——公布了一系列苛刻的移民限制条款，这一政策就是大家所说的"白皮书”，英国当局实际上拒绝了大部分来巴勒斯坦寻求庇护的犹太人。

因此，本–古里安发起了看似互相矛盾的两场运动。其一，他鼓励并组织生活在巴勒斯坦地区的18 000名犹太人重返欧洲，加入英国军队的“犹太营”，同纳粹作战。其二，本–古里安组织了一个地下机构，不顾英国的移民政策，秘密将欧洲的犹太难民转移到巴勒斯坦。本–古里安一面在欧洲和英国并肩作战，一面在巴勒斯坦抵抗着英国的统治。

关于这段时期的大部分历史都聚焦在政治和军事的斗争上，也正是这些促成了1948年以色列的成立。沿着这条线，一个被误导的关于经济方面的神话故事就诞生了：本–古里安是个社会主义者，以色列诞生之时是个彻底的社会主义国家。

这个神话的起因倒是可以理解。本–古里安一直生活在他那个时代社会主义的环境中，而且深受马克思主义和俄国1917年革命的影响。建国前的巴勒斯坦地区有许多从苏联和东欧国家来的犹太人都是社会主义者，他们都非常有影响力。

但是本–古里安只是在集中全力创建这个国家，无论通过什么样的方式。他没有耐心去用他认为根本就是为将马克思主义思想意识合法化而设计的政策去做实验。在他看来，每一项政策——经济、政治、军事或社会政策——都应该为建国这一目标而服务。本–古里安是个典型的“bitzu’ist”，这是现代以色列语的一个单词，可以粗略地翻译为“实用主义者”，更多的是指政治活动家。“Bitzu’ist”是指只关心如何能把事情做成的人。这种“实用主义”是先驱思潮的核心，也是以色列企业家动力的核心。“称某人为‘Bitzu’ist’是对他/她一种很高的赞扬，”作家和编辑利昂·维瑟提尔写道。“‘Bitzu’ist’是创建者、灌溉者、引航员、军火走私者和侨民。以色列人有以下社会特点：爱发脾气、富于机智、急躁、讥讽他人、办事有效、不太需要思想，同时也不太需要睡眠。”当维瑟提尔描述先驱的一代时，他所用的语言也同样适合描述那些甘冒一切风险去成立企业的创业者。实用主义始终是那些勇敢面对掠夺者和排干沼泽地的人始终坚持的一条主线，同时也是那些敢于公然反抗逆境，冲破枪炮的阻挠，尽一切可能去实现梦想的企业家所坚持的原则。

对本－古里安来说，当下最关键的任务，是要把犹太人散布到以后有可能成为以色列的一部分的各个地方去。本－古里安相信，在犹太人定居区的集中努力是保证以色列未来主权的唯一途径。此外，敌人日后很可能会进攻还没有犹太人定居以及犹太人比较少的地区，那时只要以犹太人代表名额不足或者无法代表当地的理由，就可以轻易争取到国际社会的支持。而且，人口稠密的城市地区——像耶路撒冷、太巴列以及萨费德这样的城市，将会成为敌方空军最主要的袭击目标。这也是为什么要将以色列的人口分散到各地的另一个原因。

本－古里安也很明白人们是不会愿意到远离市区、基础设施薄弱的不发达地区定居的。他想，如果政府不能带头解决这个问题，不提供一些激励的措施，那些私人资本家是永远也不会愿意冒险作这种努力的。

但是这种对发展的高度关注也遗留了一些政府非正规干涉经济发展的做法。平夏斯 · 萨皮尔（Pinchas Sapir）的功绩就是个很典型的例子。20世纪60~70年代，萨皮尔曾在不同时期担任过政府的财政部长和商贸部部长，他的管理风格如此微观，竟然对不同的工厂适用不同的外汇汇率——即所谓的“100汇率法”；而且萨皮尔跟踪这种汇率的方法，就是在一个黑色的小笔记本上记下每个汇率。用以色列银行第一任总管摩西 · 桑巴尔（Moshe Sanbar）的话说，萨皮尔有两个本子，“其中之一是他私人的中央统计局统计数字。每个大工厂都有人定时向他汇报各种数据：销售了多少，客户是谁，电力损耗是多少等等。这就是为什么在官方掌握数据之前他就知道了的原因，这也是当时以色列经济运作的方式。”

桑巴尔也明白，这种经济模式只可能在小的、正在奋斗中的理想国度中发挥作用：政府没有任何透明度，但是“所有的政治人物后来……都在贫困中死去。……他们干涉市场，决定任何他们想决定的事情。但是无论在什么时候，没有一个人把哪怕是一分钱放进自己的腰包。”

基布兹与农业革命

以色列经济上第一次大飞跃的核心是一次根本的、极具标志性的、以色列社会的创新，它在当地及全球造成的影响远远超出了它本身的规模——基布兹。

历史学家曾称基布兹是“世界上最成功的公社运动”。1944年，以色列建国前4年，基布兹公社只有16 000人（“基布兹”为聚集或者集体之意）。这个地区由农业人口组成，致力于消除私人财产，实现均等。这场运动在接下来的20年里逐渐壮大，涉及生活在250个社区的80 000人口，占到了以色列总人口的4%。值得说明的是，此时，基布兹社区成员占据了以色列国会和议会中15%的席位，在以色列国防军官员和飞行员中这个比例甚至更高。在1967年的六日战争中，800名被杀害的以色列国防军士兵中有1/4是基布兹成员——这是他们占总人口比例的6倍。

虽然说起社会主义公社，也许会让人想到一幅嬉皮士文化的场景，但是刚开始时的基布兹公社一点也不是这样。基布兹公社成员几乎成了顽强和大胆的代名词，他们对绝对平等的追求导致生活很困苦。一个流传很广的例子是关于建国初期基布兹运动的领导人之一亚伯拉罕·赫兹费尔德（Abraham Herzfield）的。他认为冲水厕所是不可接受的堕落之物，即使在20世纪50年代贫困的、处在围困之中的以色列，许多基础物资都是定量供给时，在大部分以色列人定居的城市，冲水厕所都被看做是一种普通的生活必需品。当第一个冲水厕所安装在基布兹的时候，简直成了传奇，赫兹费尔德亲自拿斧头毁坏了厕所。一直到20世纪60年代，即便是赫兹费尔德也无法阻挡进步的潮流了，大部分基布兹公社才开始安装冲水厕所。

基布兹公社不仅是高度集体化的，同时也是高度民主的。自我管理过程中的每个问题，从种什么庄稼到成员们是否应该拥有电视，都会经过反复讨论再作决定。西蒙·佩雷斯（Shimon Peres）告诉我们说："在基布兹公社，没有警察，也没有法院；一旦加入公社，我就没有任何私人的财产。在我来之前，这里甚至没有私人信件，一封信寄来了，所有的人都可以拆开看。"

也许最受争议的要数孩子的公共抚养了。在基布兹，孩子们的活动丰富多彩，几乎所有的基布兹公社都有"儿童房"——基布兹成员修建的供孩子们居住的房屋。大部分基布兹公社的孩子，每天有几个小时去看望他们的父母，但是他们和自己的同龄人住在一起，而不是住在父母的房屋里。

基布兹的发展要归功于基布兹公社和以色列大学在农业科技领域所实现的突破。在像哈泽林这样的基布兹，摆脱创建者时代的赤贫和僵硬的意识形态，从耕地过渡到前沿的工业，已初现端倪。哈泽林和另外10个孤立的小居民点是在1946年10月的一个晚上"建成"的，当时建国前犹太人自卫队的骨干哈加纳（Haganah），决定在南部的内盖夫沙漠地区建立一个战略据点。每当天刚放亮，5名妇女和25名男子便开始在一个被大片荒地包围着的小山顶上建设自己的社区，就像一棵孤单的金合欢树矗立在地平线上。

为了保证水的供应，这些人用了一年的时间从60公里之外的地方铺设了一条半径为6英尺的水管。1948年独立战争期间，基布兹受到袭击，水的供应被切断。后来战争虽然结束了，土地却遭到严重的破坏，很难再进行种植。以至于到了1959年，基布兹成员们开始讨论，要不要离开哈泽林，搬到另一个更适合居住的地方去。

但最终的结果是，成员们决定在原地坚持下去，因为“很明显，土地盐化的问题不仅影响到了哈泽林，也影响到了内盖夫地区的绝大多数地区，东面和南面……同时我们也明白，其他的农民很少有像我们的成员这样，如此富有经验和技术，对于解决眼前的土地问题，以及如何让这片广阔的土地重新获得安定，那些人多半也是束手无策”。两年后，哈泽林的成员成功地冲走了被破坏的那层土壤，开始重新种植农作物。但是，对于哈泽林和这个国家来说，这才仅仅是创新和突破的一个开端而已。

1965年，一个名叫辛迦 · 布拉斯的水利工程师来到了哈泽林，带来了他的一项发明：滴水灌溉。布拉斯想让这种技术商业化，最终这个看似不起眼的东西开始孕育了现在的耐特菲姆——一家滴水灌溉技术公司。

里卡多 · 豪斯曼（Ricardo Hausmann）教授是哈佛大学国际发展中心的主任，委内瑞拉政府的前任发展部部长，同时，他也是世界知名的研究国家发展模式对刺激经济增长的作用方面的专家。豪斯曼教授说，每个国家都有各种各样的问题和限制因素，但是以色列最让人吃惊的地方在于，他们解决问题的强烈倾向——比如解决缺水问题——最终变成了他们的资产。以色列人成了沙漠农业、滴水灌溉以及减少土壤盐分领域的领航者，基布兹先于别人在这方面占据了领先地位。此外，基布兹公社面临的艰苦环境最终竟也奇迹般的转化成了更高的生产力。以色列化解安全方面的威胁的情形和这些问题的情况也极为相似，投入大量的研发费用，解决军事上的问题，努力发展高科技——包括语音识别技术、通信技术、计算机技术、光学、软件等等。这些促成了以色列的跳跃式启动，培育并维持了民用高科技的高水平。

这个国家的部分国土是不毛之地的沙漠，但这一劣势却被转变为一种财富。在今天的以色列，大多数来访者都会惊奇地发现，这个国家95%的土地都属于半干旱、干旱或者过度干旱地区，这一归类源于年均降雨量的统计。事实上，在以色列建国之时，内盖夫沙漠就已经一路北上延伸至耶路撒冷和特拉维夫之间的道路。特拉维夫仍然是以色列的最大地区，但沙漠侵蚀已经掉转方向，因为其北部地区现已被农田和人工种植的森林所覆盖。这很大程度上要归功于始于哈则瑞姆（Hatzerim）的创新的水利政策。以色列目前在废水再循环领域引领世界，70%以上的废水得到再循环，这一比例是位居世界第二的西班牙的3倍。

位于内盖夫沙漠的玛沙比 · 萨德基布兹（Kibbutz Mashabbe Sade）则更进一步：以色列集体农场的农民找到了一种方法可以两次再利用被认为无用的水。他们挖一口井，深达10个足球场的长度——几近半英里，结果发现水原来那么暖而甜。这在开始似乎并不是个伟大的发现，直到他们咨询附近的内盖夫本–古里安大学的教授萨缪尔 · 阿佩尔鲍姆，他发现这种水用于饲养暖水鱼堪称完美。

“想让人们相信在沙漠里面养鱼并非无稽之谈，可不是件容易的事情。”专门研究鱼类的生物学家阿佩尔鲍姆说道，“但最重要的是，这会揭穿真相，改变传统的观点，证明干旱土地并不是贫瘠、无用的土地。”以色列集体农场的农民开始将98度的水用水泵灌入池塘，池塘中满是用于商业生产的罗非鱼、澳洲肺鱼、海鲈鱼和条纹鲈。在鱼塘中经过使用之后的水含有各种废料，又可以当做非常好的肥料，用来灌溉橄榄树和枣树。以色列集体农场的农民还发现了通过地下蓄水层直接引水灌溉，用以种植蔬菜和水果的方法。

如马克 · 吐温和其他旅行家的描述，一个世纪之前的以色列基本是一片不毛之地。据估计，现在这里有2.4亿棵树，其中有数百万棵树都是按一人一次的方法栽种。人工种植的森林已经遍布整个国家，但是最大的森林也许是几乎最不可能成为现实的——亚提尔（Yatir）森林。

1932年，尤瑟夫 · 韦兹（Yosef Weitz）成为犹太国家基金会（Jewish National Fund，JNF）森林部的最高官员；该基金会是建国前的一个组织，致力于在即将成为犹太人国土的地方购买土地和种植树木。韦兹花了30多年的时间才说服他自己的组织和政府开始在内盖夫沙漠边的山丘上人工种植森林。大多数人都认为这不可能。现在那里有大约400万棵树。卫星图片显示，这片森林就像一个突兀的视觉错误，周围满是沙漠和干旱土地，人们怎么也不会想到这里会有一片森林。国际通量观测研究网络(FluxNet)，作为美国国家航空航天局协调下的全球环境研究项目，从全世界100多个观测塔收集数据。其中只有一个观测塔建在半干旱地区的沙漠之中：亚提尔。

亚提尔森林只有通过雨水浇灌才能存活下来，虽然那里每年只有280毫米（约11英寸）的降雨量——相当于得克萨斯州达拉斯降雨量的1/3。然而，研究者们却发现，森林中树木的自然生长比预计要快得多，而且它从大气中吸收的二氧化碳与在温和气候中生长的茂盛森林吸收的二氧化碳一样多。

丹 · 亚基尔是魏茨曼科学研究所的一位科学家，在亚提尔负责管理FluxNet研究站。他指出，这片森林不但表明树木可以在大多数人称之为沙漠的地方生机勃勃，而且只需要在全世界12%的半干旱土地上种植森林就可以每年减少10亿吨在大气中的碳排放——相当于大约1 000家500兆瓦的煤电厂的年二氧化碳排放量。10亿吨的碳还相当于7个“稳定楔”中的1个，科学家认为“稳定楔”对于在当前水平下稳定大气中的碳是必需的。

2008年12月，本-古里安大学主办了由联合国发起的全世界迄今为止规模最大的沙漠化治理大会。来自40个国家的专家参加了这次会议，饶有兴致地亲眼所见为什么以色列是唯一一个沙漠正在逐渐减少的国家。

以色列的跳跃式发展

基布兹的故事只是以色列经济革命全部轨迹的一小部分，无论是社会主义还是发展主义，抑或是两者的综合，以色列头20年的经济发展记录是相当辉煌的。从1950年到1955年，以色列经济每年增长15%，进入20世纪60年代后也一直保持每年略低于10%的经济增长水平。让人印象深刻的不仅仅是以色列的经济扩张，还有其所经历的“跳跳蛙”式发展，这个词是哈佛大学教授豪斯曼用来描述发展中国家缩小其与第一世界的发达国家在人均财富上的差距时使用的。

对于大部分国家来说，经济增长期是很常见的，但跳跳蛙式的发展却不常见。在所有的经济体中有1/3曾在过去的50年中经历过经济增长期，但只有不足10%的国家有跳跃式发展的现象，以色列便在此列。从1950年以色列人均收入仅是美国的25%增长到1970年的60%，这意味着相对于美国来说，在这20年里以色列人的生活水平提高了一倍。

在此期间，政府没有作任何努力试图鼓励私人企业家。如果非要说有什么的话，那就是表面上很敌视私人利润这个概念。虽然一些政治人物确实开始反对这只过于沉重的经济之手，反对反自由市场的态度，但是这些声音毕竟只是少数。也许，如果政府能重视并寻求一条让私人创业更轻松的发展之路，以色列的经济会发展得更迅速。

同时，以色列能取得如此令人瞩目的经济成就，很大程度上也要归因于政府的干预，而不仅仅是放任不管。任何一个原始的经济体，在发展的初期，都有一些明显的大规模的投资机会，比如道路、水利系统、工厂、港口、电力网络以及住房建设。以色列也对诸如此类的工程进行了大规模的投资，比如国家输水工程将北部加利利湖的水通过管道输送到南部干旱的内盖夫地区，这项工程刺激了经济的发展。再比如，基布兹公社住房建设的快速发展也刺激了建筑和民用工业的增长。

基础设施工程也许是最惹人注目的地方，不过让人印象最深刻的却是那些精心筹划后产生的行业，比如从政府内部开始的创业项目。美国人阿尔·施维默在独立战争期间将飞机和武器偷运到以色列，他和西蒙·佩雷斯共同梦想着要在以色列创建航空事业。当他们在以色列政府内部提出这种想法的时候，众人的反应从怀疑到嘲弄应有尽有。当然，在20世纪50年代的以色列，牛奶和鸡蛋这样的物品都还很缺乏，成千上万名刚到达以色列的犹太难民还住在帐篷里。所以，大部分官员认为以色列无力负担，也没有能力在这个领域取得成功的想法，也是情有可原的。

但是佩雷斯知道，戴维·本-古里安会听他的，他告诉本-古里安，以色列可以从修复二战期间余下的飞机开始。佩雷斯和本-古里安认为当时那家叫做Bedek的航空公司应该是私人化的。后来，这家公司开始成长壮大，一度成为以色列最大的私营企业。最终Bedek公司更名为以色列飞机工业公司，成为该领域在全球的先驱。

在以色列发展的这个阶段，私人企业家不是必需的，因为他们的特殊技能不能满足经济发展过程中最大、最迫切的需要。但是随着经济发展越来越复杂，这种情况将不复存在。以色列经济学家耶胡达·普勒斯纳（Yehuda Plessner）说，当政府对经济发展过程中需要的大型基础设施投资趋于饱和时，就只有企业家能担当起促进发展的重任了，只有他们能找到“相对优势所在的利基市场”。

从中央计划到私人创业经济的转变本应该发生在20世纪60年代中期，经历过从1946年到1966年这20年的发展后，大部分大规模的基础设施投资都接近尾声。1966年整个一年，都没有新的投资目标，以色列的经济第一次遭遇了几乎为零的增长率，如此惨淡的经济发展状况肯定促使以色列政府开始考虑向私人企业敞开经济的大门了。但是，出乎意料的是，改革的脚步被六日战争阻止了，1967年6月6日，在短短一周的时间里，以色列获得了约旦河西岸、加沙地带、西奈半岛和戈兰高地，总计起来，这些地区的领土面积相当于当时以色列的3倍还要多。

以色列政府突然又开始忙于新的大规模基础设施项目。加上以色列国防军需要在新的领地上进行部署，防御措施、边境安全以及其他昂贵的基础设施都需要大量的投资，这些都是典型的刺激经济的项目。结果，从1967年到1968年，仅在建筑设备方面的投资就增加了725%。对于中央计划者来说，这场战争发生的时机真是再好不过了。

以色列“失落的10年”

以色列的经济也曾岌岌可危，那是6年之后的又一场战争——1973年的赎罪日战争。这场战争并没有为以色列带来同样的经济繁荣，还使这个国家受到了重创（3 000人丧命，更多的人受伤），基础设施遭到了巨大的破坏。以色列国防军被迫动员了大量的预备役部队，使得绝大多数劳动力脱离经济体的时间长达6个月，如此大规模且旷日持久的征召，后果是致命的，许多公司甚至整个行业都陷入瘫痪状态，商业活动也完全停滞。

在正常的经济环境下，发生这种情况后，本地工人的收入一般会相应降低一些，但是在以色列这种事情没有发生。政府不允许下调工人的工资，而是通过某种方式人为地调高了，结果带来了巨额的公共债务。为了弥补突然膨胀的债务，所有的税率，包括资本投资税率都提高了；政府同时还发行了短期和高价债券用来弥补财政赤字，这反过来又提高了利息率。

所有这些同时都伴随着净移民数量的减少。对于以色列来说，新的移民一直是其经济保持活力的关键因素，1972~1973年，以色列的移民净增加数为10万人左右，但是这个数字到1974年就变成了1.4万，1975年移民增加数几乎为零。

有一种情况使得复苏成为即便不能说是不可能之事，至少也是希望非常渺茫，那就是政府对资本市场的垄断。正如当时以色列银行自己所说："(以色列）政府对市场的干预超越了任何其他政治自由的国家……"政府对提供给消费者和商业信用的每笔贷款和债务工具都设定了条件和利率。商业银行和养老保险金的大部分存款都被迫用来购买不可流通转让的政府债券，或者为打上了政府标记的私人部门的项目进行融资。

这个阶段的以色列的经济状态，就是通常经济学家称之为以色列"失落的10年"时的状态，从20世纪70年代中期一直持续到80年代中期。现在，英特尔开始在以色列寻找稀缺的工程师，这看起来是个很明显的转变。但是英特尔在1974年看到的那个以色列和今日的这个以色列真是不可同日而语了。它不再只是黄沙、沼泽和疟疾的组合体，那些在20世纪70年代来过以色列的游客多半会觉得自己踏上的是一片第三世界国家的国土。

其时，以色列的大学、工程师的能力和水平已经相当先进，但是这个国家却未显现出相当水平的现代化。机场看上去很小、很古怪而且破旧不堪，当你进入移民局的时候，你会觉得苏联的实用主义渗透其间。整个国家没有一条主要的公路可以当做真正的高速公路来使用，电视信号糟糕无比，不过也没太大关系，因为这个国家只有一个归政府所有的希伯来语电台。另外，如果你有足够强大的天线的话，还可以从约旦或者黎巴嫩收到几个阿拉伯语的频道。

不是所有人的家里都有电话，更没有手机，那时候这种东西还没有出现。只是因为电话线依然在政府配给之列，如果你想安装一部电话，先要经历漫长的等待。超市是很新奇的地方，它不像小型食品店那样在居民区到处可见，而且里面也不会有多少国外的商品。国际大型连锁零售商尚未出现在这个国家，如果你需要国外的东西，就只能亲自去一趟或者拜托那些去国外旅游的人给你带回来。高额的关税——许多保护主义者想要保护本地的生产商——使得大部分进口物件都超乎寻常的昂贵。

路上奔跑的汽车也都平淡无奇——有些是以色列制造的，这成了人们的笑柄，就像本地产的俄罗斯汽车真的是在俄罗斯制造的一样。还有就是各种最便宜的、混杂在一起的汽车，几乎都是斯巴鲁和雪铁龙。这两家公司勇敢地——甚至可以称得上是孤注一掷地公开宣称，要共同抵制阿拉伯人。银行系统和政府在金融方面的规定也和汽车行业一样迂腐，除了在银行按照政府规定的汇率兑换美元，在任何其他地方兑换美元都是非法的，甚至就连拥有国外银行的账户也被认为是非法行为。

不过从整体上看，以色列人是顽强的。1967年那场让人眩晕的胜利所带来的幸福感，在1973年的赎罪日战争后很快就消失无踪了，取而代之的是不安全和孤立感，最糟糕的是为这场战争所付出的代价太惨重了。有些人曾经把1967年的那场胜利比做是对死刑犯的第一次原谅，就像彩票中奖一样以色列人赢得了那场战争。强大的以色列军队曾让人大吃一惊，也曾损失惨重。虽然从军事意义上来说，以色列是这场战争的赢家，但这带给人的安慰少之又少。以色列人觉得是那些政治人物和军队的领导不能胜任本职工作，才导致了如此恶果。

战后，公共调查委员会受命成立，以色列国防军总参谋长、情报部门负责人以及其他一些高级安全官员因此调离了原来的职位。虽然调查委员会证明总理果尔达·梅厄（Golda Meir）是无罪的，但她依然要为这次战争的惨败负责，委员会的调查报告公布之后一个月她就宣布辞职了。遗憾的是，1977年，梅厄夫人的继任者伊扎克·拉宾在其担任总理的第一个任期内也被迫辞职，原因是有人揭发他的妻子拥有国外银行的账户。

到了20世纪80年代初期，以色列也开始遭受超级通货膨胀的危害：去趟超市意味着要花去数千几乎已经毫无价值的谢克尔。人们开始储存电话卡，因为它的价值不会变，而且它的价格每天都在飞速上涨。在预期的价格飞涨之前，人们纷纷跑去抢购基本的生活用品。

复兴之路?

在20世纪70年代的这段时间里，让人尤为惊讶的是英特尔在以色列建立了工厂；但是，更为神秘的当属以色列是如何从那样一个褊狭、封闭的国家变成了30年后的今天这样几乎让人不敢相信的模样。现在，旅客们看到的以色列机场是如此平滑、现代化，比之他们先前出发的那个机场肯定是有过之而无不及。新电话的安装再也没有任何限制，只要通知一声，几个小时内便可完成。黑莓永远不会没有信号，无线网络触手可得。实际上，以色列人均拥有手机的数量比世界其他任何国家都多，无线接入的方式更是多种多样，以至于在2006年的黎巴嫩战争期间，以色列人在防空洞中忙着比较哪种互联网服务的性能更优越。大街上到处都是新式汽车，从悍马到欧洲的“智能汽车”无一不包，它们占据了停车场大约一半的面积。

“正在寻找优秀的程序员？”最近CNN-Money.com通过这种特别的提问方式告诉大家，特拉维夫市是连线世界最适合经商的地区之一。“所以IBM、英特尔、德州仪器和其他科技巨头，都纷纷涌至以色列……最佳达成交易的地点是Yoezer酒吧，那里有众多的葡萄美酒可供挑选，美味的勃艮第牛肉能够让你一饱口福。”1990年的时候，以色列还没有一家连锁咖啡馆，也没有一家酒吧，没有体面的寿司餐馆，没有麦当劳、宜家，也没有任何大型国外的时装店。以色列第一家麦当劳是在1993年开始营业的，那是这家连锁巨头在莫斯科最大的餐厅开业之后的第3年，是在澳大利亚悉尼的第一家麦当劳开业后的第22年。现在，麦当劳在以色列有大约150家餐厅，相对于本国的人口来说，这个数字是在西班牙、意大利和韩国的两倍。

第二阶段的转变开始于1985年以后，直到那时，以色列这个经济体对本国文化和军队培养出来的创业家才能的利用还是很有限。一直持续的超级通货膨胀让私营企业的发展更加举步维艰，直到1985年，这种状况还是未能得到根本的解决。后来，当时的财政部长西蒙·佩雷斯出台了一系列稳定政策，该政策是由美国国务卿乔治·舒尔茨（George Shultz）和国际货币基金组织（IMF）的经济学家斯坦利·费雪（Stanley Fischer）建议的。结果，公共债务得到了大幅度削减，开支得到了限制，政府在资本市场上的角色也完成了转变。但是，它还是没能为以色列打开私人和动态创业经济的全新局面。

对于以色列经济来说，要想真正腾飞，还需要另外3个因素：新一波的移民潮、一场战争以及新的风险投资产业。

第七章　移民宝藏

移民是不会排斥重新开始的，准确地说，他们是爱好冒险的人。移民的国度就是企业家的国度。

——吉第·格林斯坦

1984年，施罗墨·穆拉，这个16岁的孩子和自己的17个朋友一同离开了位于埃塞俄比亚北部的小村庄，他们决定步行去以色列。马卡——这个埃塞俄比亚北部的偏远小镇——是穆拉长大的地方，那里和现代化毫无关联——没有自来水，没有电，更没有电话。

“我们都梦想能来到以色列。”穆拉说，他从小生活在一个支持以色列独立的犹太人家庭中。穆拉和朋友们计划向北行走，从埃塞俄比亚到苏丹，从苏丹再到埃及，然后穿过西奈沙漠，再从西奈到以色列的南部城市贝尔谢巴，最终到达耶路撒冷。

为了给这些男孩们指明前进旅途上的第一段路，穆拉的父亲卖掉了一头牛，花了两美元为他们请了一个向导。男孩们夜以继日地徒步前进，很少停下来休息。他们穿过沙漠到了埃塞俄比亚北部的丛林地区，穆拉记得其间看到过狮子、老虎和蛇；之后他们在丛林中遭遇了一伙劫匪，劫匪抢走了他们的食物和所有的钱。但是穆拉和伙伴们决定继续前进，他们在一周内步行了近500英里的路，终于到了埃塞俄比亚和苏丹的边境。

进入苏丹边境时，男孩们被苏丹的边防军追捕，穆拉最好的朋友被击中并最终失去了生命，其余的人被捕后遭到了严酷的拷打，之后被投进了监狱，在那里度过了漫长的91个日日夜夜。当他们最后被释放到加达里夫的难民营时，负责处理穆拉的是一个白人，看上去很神秘，但很明显是个见多识广的人。他说："我知道你们是谁，也知道你们想去哪里，我会帮你们的。"这是穆拉平生第二次见到白人。第二天，当那个男人再来时，就把这些男孩们装到了一辆卡车里，之后是5个小时的沙漠穿行，最后他们来到了一个偏远的飞机场。

在那里，穆拉和男孩们被安置在一架飞机内，其中还有数百名埃塞俄比亚人，飞行人员用希伯来语向大家说着"Shalom Aleichem"（欢迎你们）。这是以色列政府的秘密行动之一，他们一直在尽力将埃塞俄比亚的犹太人空运到以色列。1984年的空运任务称为摩西行动（Operation Moses），共将8 000多名在埃塞俄比亚的犹太人送回了以色列。

现在，穆拉是以色列国会的一名民选议员，他是第二位担任此职位的埃塞俄比亚人。"虽然只有短短4小时的飞行距离，感觉上埃塞俄比亚和以色列却有400年的差距。"穆拉跟我们说。

因为一直生活在落后的农耕社会，几乎所有到以色列的埃塞俄比亚人都不会阅读，也不会写字，哪怕是用他们的母语阿姆哈拉语（Amharic）也不会。"我们没有汽车，没有工业，没有超市，也没有银行。"穆拉一边回忆他在埃塞俄比亚的生活，一边说。

1991年，摩西行动之后的第七年，以色列又展开了所罗门行动（Operation Solomon），在这次行动中，以色列政府将14 500名埃塞俄比亚的犹太人空运到了以色列。这次行动动用了34名以色列空军战士、一架El Al公司的运输机，另外还有一架埃塞俄比亚的飞机，整个运输行动持续了36个小时之久。

“在第九航班里，座位之间的扶手都被抬了上去，”《纽约时报》当时报道说，“五六个埃塞俄比亚人包括小孩欢快地挤在三个一排的座位上。他们从来没坐过飞机，很可能甚至都不知道这样拥挤的座位是不正常的。”

另一个发自埃塞俄比亚的航班创造了一项世界纪录：在一架El Al 747上搭乘了1 122名乘客。原本打算只搭载760名乘客，不过因为乘客都太瘦了，所以又增加了几百人。另外，在飞行途中，还诞生了两个小孩。许多难民都是赤脚到达的，没有任何随身的行李。直至20世纪末，以色列共接纳了约40 000名来自埃塞俄比亚的移民。

事实证明，埃塞俄比亚移民潮对于以色列来说是个巨大的经济负担。年龄在25到54岁之间的埃塞俄比亚成年人几乎有一半处于失业状态，大部分来自埃塞俄比亚的以色列人都享受着某种形式的政府福利。即便以色列有着资金雄厚的强大移民接纳项目，穆拉依然预计埃塞俄比亚移民的社区至少在10年之内，不能完全实现社会、经济的协调发展和自给自足。

“考虑到他们不久之前才刚刚脱离那样的环境，就会知道这需要时间。”穆拉说。来自埃塞俄比亚移民和来自前苏联的移民的差距非常大，虽然前苏联移民到达的时间和所罗门行动开展的时间大致相当，不过事实证明，来自前苏联的移民对于以色列经济发展来说是种福音。这批移民的成功故事可以从类似席瓦赫–莫菲（Shevach-Mofet）中学这样的地方窥见一斑。

***

学生们怀着通常只对摇滚明星才有的那种期待的心情已经等候多时。这时，等候已久的时刻终于到来了，那两个美国人甩开记者和其他人从后门走了进来。这是他们在以色列唯一的一站，当然，在总理办公室的那次除外。

谷歌的两位创始人大步走进会堂，众人开始尖叫。学生们简直不敢相信自己的眼睛，“谢尔盖·布林和拉里·佩奇……竟然来到了我们学校！”一个学生回忆起来自豪地说。是什么把这两位世界最有名的科技巨头带到了以色列的中学，而不是其他地方呢？

答案可以从谢尔盖·布林的演讲中找到。“女士们，先生们，女孩们，男孩们……”他用俄语说道，激起台下一阵发自内心的掌声。“我6岁时离开俄罗斯移居到了美国，”布林继续说道，“和你们一样，我也拥有标准的俄罗斯犹太人父母。我的爸爸是一名数学教授。我的父母对学习有着自己独特的看法。我想这一点和此时此刻我们所在的这个地方有些关联，因为我听说，你们的学校最近在全以色列举行的数学竞赛中取得了前10名中的7个名次。”

会堂再次响起了热烈的掌声，这次同学们是为自己取得的成就而鼓掌。“但是我必须要说的是，”布林打断众人的掌声说，“这也是我的父亲会说的——‘另外的3个名次是怎么回事？’”

和布林一样，席瓦赫-莫菲中学的大部分学生都是第二代俄罗斯犹太人。席瓦赫-莫菲位于特拉维夫市南部的工业区，是市中比较贫穷的地方，许多年来在这个城市里一直被认为是最粗鲁的学校之一而落下了坏名声。

我们是从纳坦·夏兰斯基（Natan Sharansky）那里知道这所学校的历史的。夏兰斯基是以色列最有名的前苏联犹太移民，他曾经在苏联的监狱和劳工集中营中度过了14个年头，在那里为争取移民国外的权力而斗争，也因此成为最有名的“被拒绝移民者”——这是对那些申请移民被拒的苏联犹太人的称谓。从前苏联被释放的几年之后，夏兰斯基荣升为以色列的副总理，在以色列的俄罗斯移民聚会（夏兰斯基到以色列之后不久创建的组织）上，他曾经开玩笑地说，政治家们都认为他们应该效仿他的经历，先去监狱度过一段时间，然后再进入政坛，而不是先从政再进监狱。

“学校的名字——席瓦赫——是‘荣耀’的意思。”在他耶路撒冷的家里夏兰斯基这样告诉我们，席瓦赫是特拉维夫市开办的第二所高中，时间是在1946年，当时这座城市刚刚建立不久。这是一所属于新一代土生土长的以色列人（sabras）的学校。但是到了20世纪60年代初期，“当局者开始尝试着进行融合，有点像美国强制实行的不同种族同乘公交车的体制，”夏兰斯基解释说，“政府说我们不能再继续办纯以色列人的学校了，我们必须把来自摩洛哥、也门和东欧的移民吸收进来——让我们融合在一起吧。”

虽说这个想法是美好的，可是执行起来却大打折扣。20世纪90年代初期，苏联解体后，大批俄罗斯犹太移民开始涌入以色列，席瓦赫成了市里最糟糕的地方之一，出现在公众视野里与学校有关的消息中，最多的就是欠款。当时，有一个新移民叫雅科夫·摩兹格纳夫（Yakov Mozganov）。在前苏联的时候他曾经是一位数学教授，到以色列之后成了这所学校的一名保安。类似的事情在那些年非常普遍：涌入以色列的、拥有博士和工程师学位的俄罗斯人太多了，以至于他们没办法在自己的领域内找到合适的工作，尤其是当他们还在学习希伯来语的时候。

摩兹格纳夫决定开办一个夜校，招收所有年龄段的学生，包括成年人，只要他们想学到更多的科学或者数学知识，上课的地方就在席瓦赫的教室。摩兹格纳夫还招收了其他几位拥有高学历，但没有工作或者用非所学的俄罗斯移民和他一起为学生们上课，他们称这个夜校为Mofet，这在希伯来语中是数学、物理学和文化3个词首字母的缩写，同时也有“优秀”之意。俄罗斯人开辟的这种途径大获成功，最终和原来的学校合并成为席瓦赫-莫菲中学。当然，对自然科学以及对优秀的关注不仅仅只体现在学校的名字里，前苏联移民的努力还反映了他们带给以色列的那种思想观念。

以色列的经济奇迹在很大程度上也应该归功于那些移民。1948年，以色列建国之时，人口是80.6万，现在的人口是710万，在60多年的时间里，这个国家的人口增长了将近10倍。单在最初的3年里，人口就翻了一番，甚至让当时新成立的政府不堪重负。正如当时的一位国会议员所说："如果我们的工作都是按计划来进行的，那么我们不可能接纳（如此多的）移民。"现在，以色列公民中，国外出生的人占整个国家人口的1/3还要多，这个比率差不多是美国的外国人占本地人比率的3倍。10个以色列犹太人中有9个要么是移民，要么就是移民的第一代或者第二代后裔。

戴维·麦克威廉斯（David McWilliams）是爱尔兰的一位经济学家，1994年他工作并居住在以色列，对于移民数据，他有自己的解读方式："无论是在哪个地方，你都可以从大街上飘着的食物的味道和菜单上辨别出那里的人口构成是否多样。在以色列，你几乎可以吃到任何一种特色小吃，从也门的到俄罗斯的，从纯正的地中海食品到百吉饼。一波又一波贫穷的犹太人被赶出巴格达、柏林和波斯尼亚后，来到了以色列，但他们保留着自己的饮食方式。"

以色列现在是70多种不同的民族及其文化的栖息地。而听谢尔盖·布林演讲的学生都来自于以色列历史上最大的一波移民潮。1990~2000年，80万名前苏联人开始迁移到以色列，第一批数量为50万的移民进入以色列仅用了3年的时间。加起来，这批移民的数量相当于以色列在20世纪90年代末人口数量的1/5。在美国历史上，也曾发生过类似的事，就在以色列这批移民潮之后的10年，6 200万移民和难民涌入了美国。

夏兰斯基解释说："对于我们这样生活在苏联的人来说，从婴儿时期就知道自己是犹太人，当时这对于我们来说，除了意味着我们会是反犹太主义（Anti-Semitism）的牺牲品，再没有其他更积极的意义。你必须在你的专业领域内出类拔萃，无论是象棋、音乐、数学、医学或是芭蕾……这是你建立自我保护的唯一途径，因为你总是站在后面的那一个。”

结果，尽管犹太人只占了苏联人口的2%，但是，“30%的医生、20%的工程师……都是犹太人。”夏兰斯基告诉我们。

这是谢尔盖·布林从自己的俄罗斯父母那里获得的理念，也是布林在年轻的以色列学生身上看到的竞争力的源泉。当苏联的闸门在1990年打开的时候，以色列才开始对这些人才资源的特性有所了解。

要想妥善处理这种大规模移民潮简直太难了，虽然这些人都是人才，但是语言和文化依然是巨大的障碍。何况，原本生活在苏联这样的大国，受过良好教育的人要想适应以色列这样的小国家，确实不是件容易的事。在这批大规模的移民之前，以色列本国人均拥有医生的数量在世界上就处于较高水平，尽管不能说是供大于求，但是那些苏联的医生要想适应这个新的医疗环境还是会有些困难，一窍不通的语言还有全新的文化，这些都需要适应。同样的情况在其他的行业也会存在。

虽然以色列政府努力为这些新来的人寻找工作机会，建造房屋，俄罗斯移民的日子依然不是很舒服。20世纪90年代中期，全球科技热潮升温，以色列的私营科技公司急切地需要工程师。

现在，当你走进一家以色列的科技公司或者大型研发中心的时候，很可能会听到工人们在用俄语进行交流。对席瓦赫–莫菲学校中的优秀理念的追求，影响了整个以色列的科技领域，而这种追求在这波移民当中也是广为流传的。

但是这并不是说那些从世界各地到达以色列的犹太人只执著于教育，如果教育是解释以色列企业家和科技取向的唯一因素的话，那么其他一些国家，比如新加坡，他们的学生在数学和自然科学的竞赛中取得的分数也很高，也应该会成为创业公司的孵化器。

风险投资家艾瑞·马格利特（Erel Margalit）认为，苏联移民带来的东西，在许多有活力的经济体中都会存在。谈及以色列的科技繁荣，马格利特说："我也问过自己，为什么会在这里发生？"当时我们正坐在耶路撒冷一家时髦的餐厅，它的老板就是正在和我们谈话的这位，旁边是一处综合设施，入住的是他的风投公司和一系列初创企业。"为什么会发生在美国的东海岸或者西海岸，很大程度上与移民社会有关。在法国，如果你来自一个非常稳定的家庭，在一家稳定的制药公司上班，又比如，你还拥有宽敞的办公室和各种特权，有自己的秘书等等，你还会奋斗、还会离开、冒着风险去创造某些新的事物吗？你不会，你太舒服了。但是，如果你是一个移民，初到一个新的地方，你很贫穷，"马格利特接着说，"或许你曾经很富有，你的财产被剥夺了，然后你有了动力，你不会去关注自己将会失去什么，你会更在意能赢得什么。这就是我们所拥有的态度，所有人都是这样。"

吉第·格林斯坦（Gidi Grinstein）是以色列前总理埃胡德·巴拉克（Ehud Barak）的顾问，同时也是比尔·克林顿和亚西尔·阿拉法特2000年戴维营谈判团的成员之一。格林斯坦建立了自己的智囊团——Reut研究所，致力于研究如何才能让以色列在2020年之前成为世界上排名前15的最富裕的国家之一。他和马格利特有同样的观点："向前追溯一代或者两代人，我们家庭中的每个成员随时可以收拾好行囊然后上路。移民是不排斥重新开始的，准确地说，他们是爱好冒险的人。一个移民国家就是一个企业家的国家。"

夏嘉曦，Better Place的创建者，是一位伊拉克移民的儿子，他的父亲鲁文·阿加西（Reuven Agassi）9岁的时候就被迫和自己的家人一起逃亡到伊拉克南部城市巴士拉。当时，伊拉克政府解雇了所有的犹太人，没收了他们的财产，抓捕一些社区成员。在巴格达，政府甚至执行公开绞刑。"我的父亲（夏伊的爷爷）是巴士拉港务局的一名会计，他也失去了自己的工作，我们都很担心自己的生活。”鲁文告诉我们。由于没有任何地方可去，于是在1950年，夏嘉曦全家加入了伊拉克15万人的难民潮，跟着他们来到了以色列。

在以色列，除了移民的数量惊人之外，还有另外两个因素使得以色列的移民潮与众不同：一个是他们的出身，就像格林斯坦、马格利特以及其他我们曾提到过的人一样；另一个就是以色列政府采取的接纳新移民的政策。

西方国家历史上所采取的移民政策与以色列建国者使用的方法有直接的联系。在17到19世纪期间，美国对移民本质上是开放的。有时候，甚至还会雇用移民来协助开发这个国家的不发达地区。直到20世纪20年代，美国政府虽然对移民有了诸如健康方面的限制以及文化水平测试等环节，但对移民数量依然没有限制。

但是随着种族理论对美国移民政策的影响，这种宽松的政策逐渐开始收紧。美国众议院司法委员会（The US House Judiciary Committee）雇用了一位提倡优生学的顾问，哈里 · 劳夫林（Harry N. Laughlin）博士，他宣称某些民族是低劣的。另一位优生学运动的领导者，作家麦迪逊 · 格兰特（Madison Grant）在一本畅销书中指出：犹太人、意大利人和其他几个种族是低等民族，因为有人声称他们头盖骨的形状看起来异于常人。

1924年的美国《移民法》根据“来源国”对移民的数量进行了新的限制。该法案于1929年生效，对每年的移民数量进行了定额限制，主要是为了阻止来自东欧和南欧，比如意大利、希腊以及波兰犹太人的进入。一般来说，对于这些被限制的国家，每年允许进入美国的移民数量不超过100人。

富兰克林 · 罗斯福任总统后，几乎没有对这项政策进行调整。“看看罗斯福对1938年至1945年的大屠杀的反应，你会发现对欧洲犹太人的困境越来越不敏感了。”历史学家戴维 · 怀曼（David Wyman）说，“1942年，当罗斯福听说屠杀犹太人的行动正在进行时，他就把这个问题完全交给了美国国务院，从此他再也没有真正正面处理过这个问题，尽管他知道国务院的政策是在逃避营救，实际上是在阻碍营救。”

第二次世界大战爆发后，美国的门槛对犹太人来说依然是障碍重重，但是，在20世纪30年代以及40年代初期，对于寻找避难所的犹太人来说，最主要的问题是，美国的这种做法并不是唯一的。拉丁美洲国家只在有限的范围内向他们敞开大门，最好的要数欧洲国家，但是它们也只是能容忍犹太人“通过”该国，去其他地方实现其尚未实现的永久定居的打算。

即使是在第二次世界大战结束后，大屠杀（Holocaust）的事实已经众所周知，西方国家依然不乐意向幸存的犹太人敞开他们的大门。加拿大政府将许多国家的心理表现了出来，它的一位部长在加拿大国会上公开宣称：“没有也嫌多！”在此期间英国也缩减了对巴勒斯坦移民的数量。对于大多数犹太人来说，他们几乎无路可走。

因为受这段历史的影响很深，当1948年5月14日英国对巴勒斯坦的殖民统治结束时，犹太人民议会公布了《以色列建国宣言》，其中宣布：“最近降临到犹太人头上的灾难——对数百万欧洲犹太人的屠杀——让我们意识到了另一件急迫的事，必须解决无家可归的问题……以色列将会对犹太移民敞开大门……”

以色列成为历史上第一个在建国宣言中明确表明需要一个自由的移民政策的国家。1950年，以色列的新政府兑现诺言，颁布了《回归法》（*Law of Return*），至今这项法律仍然保证“每个犹太人都有权回到这个国家……”而且，没有任何数量限制。

《回归法》还明确规定犹太人是指“……母亲是犹太人或者信仰犹太

教的人……”犹太人夫妻，犹太人的孩子或者孙子，以及犹太人的伴侣都会被赋予以色列公民的身份。

在美国，移民要想申请成为美国公民必须要等5年的时间（配偶是美国公民的则需要3年）。美国的法律还要求申请成为美国公民的移民要具备一定的英语语言能力，同时还要通过公民课考试。而以色列公民的权利在到达以色列时即生效，无论你是说哪种语言的移民，而且也不需要通过任何测试。

就像戴维·麦克威廉斯所说的，通常，大部分以色列人在希伯来语之外还掌握另外一种语言，在来到以色列之前，这种语言是他们唯一的语言：“(在以色列的有些城市）每天都会有用西班牙拉地诺语（Ladino）发行的报纸，拉地诺语是西班牙系犹太人所讲的中世纪西班牙语，1492年费迪南和伊莎贝拉将西班牙系犹太人驱逐出了安达鲁西亚（Andalucia）……坐在特拉维夫喧哗的迪桑戈夫大街上，德国人在古老的咖啡馆忙碌着，他们还是喜欢用高地德语闲聊，操着歌德、席勒和俾斯麦的那种语言……沿街而下，你会发现自己几乎置身于一个小型的敖德萨（Odessa）。俄罗斯的标志、俄罗斯的食物、俄罗斯的报纸，甚至俄语电视节目，在这里都很常见。”

像夏伊和鲁文·阿加西一样，有数百万以色列人来自阿拉伯/伊斯兰世界。在以色列独立时，约有50万犹太人一直生活在阿拉伯/伊斯兰国家，祖祖辈辈几个世纪一直生活在那里。但是，第二次世界大战后，阿拉伯民族主义风潮席卷了这些国家，伴随着大屠杀，许多犹太人被迫开始逃亡。他们中的绝大部分人都逃到了以色列。

重要的是，以色列不仅仅只是对移民的来源国或者经济状态不加限制，这从埃塞俄比亚移民行动中可以得到验证，它还是世界上唯一一个不论从政府的角度，还是从感情角度，都愿意增加移民的国家。迎接和鼓励移民的工作由一名内阁成员来负责并得到一个忠心付出的政府部门的支持，不同于美国移民局的是，以色列移民局唯一的目的就是尽可能多地接纳移民，而前者的主要目标和任务是不让移民入境。

如果以色列的公民年底在广播里听到移民数量有所下降，就会将其看做是个坏消息，就像听到那年没有足够的雨水一样。每年大选期间，来自各个政党的总理候选人会频繁地宣称要在他们的任期期间再引进“几百万移民”。

除了埃塞俄比亚的那几次空运行动以外，以色列还进行了多次类似的行动，有时候，这种行动的规模甚至是惊人的。魔毯行动（Operation Magic Carpet）就是一个类似的例子，这次行动开展的时间为1949年到1950年期间，以色列政府秘密将49 000名也门犹太人，用空余的英国和美国运输机空运到了以色列，这些也门犹太人都非常贫穷，如果依靠自己的力量，他们根本无法到达以色列。遗憾的是，有数千人在长达三周的通往位于亚丁的英国机场的长途跋涉中失去了生命。

或许，针对二战后罗马尼亚犹太人的移民努力是最鲜为人知的。20世纪40年代后期，大约有35万犹太人居住在罗马尼亚，另外还有一些逃到了巴勒斯坦地区，当时的罗马尼亚政府扣押了一些想要离开这个国家的人。起初，以色列通过向罗马尼亚的石油工业提供钻头和管道换取了10万个出境签证。但是从20世纪60年代开始，罗马尼亚政府要求必须提供现金才允许犹太人离开这个国家。1968~1989年，以色列政府向罗马尼亚政府支付112 498 800美元，以此为代价换取了40 577名犹太人的自由，算起来人均2 772美元。

在这种背景下，以色列政府把如何让移民尽快融入这个国家当做是移民局的当务之急。对政府来说，语言培训是最紧迫，同时也是涉及面最广的任务。直到今天，移民局还在为新移民组织免费的希伯来语课程：每天5个小时，至少持续6个月。政府甚至还为学习语言的移民提供津贴，以保证他们在此期间的生活费用。

为了使国外的教育得到认可，教育局专门成立了海外学位评估部。此外，政府还开设课程帮助移民通过专业的资格考试，移民接纳中心的科学室还协助新来的科学家找到当地雇主。同时，移民接纳局还成立了企业家中心，为创业的人提供创业资金。

也有一些移民计划虽然得到了政府支持，但却是由独立的以色列公民发起的。亚瑟·埃利亚斯（Asher Elias）就是一个例子，他相信在高新技术产业领域一定会有埃塞俄比亚人的立足之地。20世纪60年代，埃利亚斯的父母从埃塞俄比亚来到了这里，比大规模的埃塞俄比亚犹太移民早了近20年。亚瑟的姐姐莉娜是第一个出生于以色列的埃塞俄比亚犹太人。

完成了在耶路撒冷管理学院的商务管理课程之后，埃利亚斯在一家高科技公司找到了一份市场营销的工作，之后他就读于西拉大学（Selah University）学习软件工程，他告诉我们他一直是个计算机迷。但是当他发现除了自己只有4个埃塞俄比亚人在以色列从事高科技领域的工作时，他着实震惊了一下。

埃利亚斯说："埃塞俄比亚人几乎没有任何机会。通向高科技领域的唯一途径就是公立大学的计算机科学专业或者私人的技术学院。通常埃塞俄比亚人在高中的入学考试中都表现欠佳，这会成为他们通向顶级大学的拦路虎，而私人学院的学费对他们来说又太昂贵了。"

埃利亚斯走了一条不同寻常的道路。2003年，他和一位来自美国的同是学软件工程的伙伴，一起创办了一家非营利的机构，叫做"技术生涯"（Tech Careers）。

"技术生涯"为那些志在进入高科技领域的埃塞俄比亚年轻人提供强化的科技培训，该机构位于耶路撒冷和特拉维夫市之间的有些偏远的基布兹。培训的方式是浸入式教学，在那里，学员要用一年的时间在一起生活、学习。培训形式与军队的训练营地非常相似，有严格的要求，还有长时间、高强度的学习任务。

无论是在以色列建国前还是建国后，本-古里安一直认为移民工作是这个国家的第一要务：对于这个羽翼尚未丰满的国家来说，那些没有避难所，尚在旅途中徘徊的移民需要帮助，但是更重要的是，犹太移民需要定居，需要为以色列而战，需要将生命投入到新生经济的建设中。今天，这些看起来依然是正确无误的。那些曾经为席瓦赫-莫菲高级中学带来新的荣耀的俄罗斯学生，曾吸引了传奇企业家谢尔盖·布林和拉里·佩奇，以及社会企业家亚瑟·埃利亚斯的俄罗斯学生，或许将会是以色列新一代创新潮的推动者。

第八章 “飞天大盗”

就像随同伊阿宋出航找金羊毛的希腊人一样，新时代的科技冒险家生于国外，拥有精湛的技术，常常穿梭于硅谷和自己的祖国之间。

——安娜利 · 萨克斯尼亚

“今天，”约翰·钱伯斯（John Chambers）一边侧身大步走过舞台，一边阐释着自己的观点，“在创新方面，从20年前第一次引入路由器之时开始，我们正在经历着最伟大的跨越。”这是2004年钱伯斯在思科公司的一次会议上对着无线话筒时所说的。虽然身着正装，这位54岁的思科公司老总看起来是要作一个例行公事的演讲了。在此科技热潮期间思科的市值曾经一度超越了通用电气。

恰到好处地营造好气氛之后，钱伯斯走到一个看似大壁橱的东西前面，打开门，然后向观众介绍了3个看上去很复杂的、同大型冰箱一般大小和形状的盒子，这就是CRS-1——思科公司最大的荣耀。

大部分人不知道路由器为何物，所以也许不大能体会到钱伯斯的兴奋。路由器有点像我们过去使用的调制解调器，通过它能把我们的计算机连接到网络上。如果把互联网比作是一条信息河，所有的计算机都要接入其中，那么路由器就是各个支流汇入主干道的汇合点；总体地说，它是决定互联网容量的主要瓶颈。

只有少数几个公司能制造出品质上乘的路由器，而思科——就像微软之于操作系统，英特尔之于芯片，谷歌之于搜索引擎——主导着路由器的市场。及至CRS-1投放市场，这个耗费了4年时间，花费了5亿美元研发出来的产品，成为记入吉尼斯世界纪录大全的、世界上最快的路由器。

“我们喜欢这条纪录，因为它的数字是如此庞大。”吉尼斯世界纪录的科技版编辑戴维 · 霍克塞特（David Hawksett）说，“我刚在家中装了无线网络，每秒54兆比特的输入输出量已经让我相当满意了。相比之下，92兆兆比特的量真是让人难以置信。”

“兆兆比特”中的“兆”含义是万亿，所以一兆兆比特就是一万亿兆比特。据思科公司称，用CRS-1下载美国国会图书馆的影印文本只需4.6秒，而同样的工作如果用拨号调制解调器完成，大约需要82年。

CRS-1最主要的一个缔造者是位以色列人，名字叫做迈克尔 · 劳尔（Michael Laor）。劳尔在取得位于以色列贝尔谢巴的本－古里安大学（Ben-Gurion University）的工程方面的学位后，来到了加利福尼亚州的思科公司，在那里一待就是11年。就是在那里，他成了思科公司的工程架构主管。1997年，劳尔决定回到以色列；思科公司因为不愿意就此失去一位优秀的工程师，所以同意让劳尔在以色列以思科公司的名义开设一个研发中心，这是思科在美国之外建立的第一家研发分支机构。

也就是在那个时候，劳尔开始认为市场会需要像CRS-1这样大流量的路由器。那时候，互联网还处在比较年轻的阶段，劳尔的这种认为大流量路由器会有市场的想法听上去有点言过其实。思科公司的托尼 · 贝茨（Tony Bates）曾说：“人们觉得我们甚至有点疯狂，4年前就开始开发这种产品。他们认为，‘我们正在吃的东西超出了自己的消化能力’，而且人们会质疑，‘谁会需要这么大的流量？’”

劳尔认为，套用电影《梦幻成真》（*Field of Dreams*）里的话说就是，如果思科制造了这种路由器，那么互联网会随后跟进。现在回望从前的互联网，那时候电子邮件刚刚起步，网站也只有最初的那几个。你很难想象，仅仅是在几年之后，它就以指数级的方式膨胀起来，图片、视频和游戏等海量数据流量拉动了人们看上去似乎永无止境的需求。

因为CRS-1是思科公司至今最高级的产品，因此也成为全公司范围的一个项目，为了使这种产品的技术达到一个更高的水平，劳尔在以色列的团队成为设计芯片及组织架构的中枢部门。最终，2004年当钱伯斯公布CRS-1时，他的激动之情也就不难理解了。完整配置的CRS-1路由器每台售价200万美元，不过截止到2004年年底，公司一共仅售出了6台这样的机器。但是，2008年4月，思科公司宣布在不到9个月的时间里，CRS-1的销量已经增加了一倍。

到了2008年，劳尔在以色列开办的研发中心在成立10年时已经拥有了700名员工。因为收购了9家以色列的创业公司，思科因此得以快速扩大，如此大规模的收购是思科在其他国家所不曾有过的。此外，思科投资的子公司直接投资于其他以色列创业公司的资金达到了1.5亿美元，同时它们还将另外的4 500万美元投资到了以色列关注的风险资本基金。合计起来，思科投入到收购和投资以色列公司方面的资金共计12亿美元。

约阿夫 · 沙美（Yoav Samet），毕业于以色列国防军的精英情报科技部门8200，现在执掌思科在以色列、前苏联和中欧地区收购部的工作。沙美说，以色列和印度、中国都是思科公司最大的海外分支机构，“但是，中国和印度只完成了一小部分工程技术方面的工作，说到纯粹的创新和收购活动，以色列依然处在领先位置。”

如果迈克尔·劳尔没有那个时候决定返回家乡，那么思科如此大规模的投资于以色列就可能不会发生，以色列团队也不可能这么快就成为公司核心业务的中心。和英特尔的多夫·弗罗曼（Dov Frohman）还有其他许多人一样，劳尔去美国或者其他地方获取知识和经验的经历，最终不仅会让他们就职的那些跨国公司受益，也会为以色列经济的发展带来更多机会。

许多国家，包括以色列一直在为本国最优秀的学术专家、企业家到国外寻求发展的状况惋惜，但是，上面的例子告诉我们“人才流失”不是单向的。事实上，越来越多的研究已经证明了“人才环流”现象的存在，优秀的人才最终会回到自己的祖国，并不是完全“遗失”到别的国家。正如理查德·迪维内（Richard Devane）在世界银行发布的一份研究报告中所说，“中国、印度和以色列在过去的10年中一直经历着投资热潮，这种热潮与……他们移居到国外的领袖人才有关。”

安娜利·萨克斯尼亚（AnnaLee Saxenian）是加州大学伯克利分校的一名“经济地理学家”，同时也是《新时代的科技冒险家》（*The New Argonauts*）一书的作者。萨克斯尼亚在书中写道：“就像随同伊阿宋出航寻找金羊毛的希腊人一样，新时代的科技冒险家生于国外，拥有精湛的技术，常常穿梭在硅谷和自己的祖国之间。”她说，中国、印度、中国台湾地区和以色列的科技部门正在壮大——尤其是后两个地区，甚至出现了“重要的全球性创新中心”，这些创新中心的产出“超过了诸如德国和法国这些更大、更富有的国家”。萨克斯尼亚认为这些影响深远的、变革的先行者是“……浸泡在硅谷，并了解硅谷文化的人，对于以色列人和台湾地区的人来说，真正的创新开始于20世纪80年代晚期，然而一直到90年代晚期，甚至是在21世纪初期，印度和中国大陆创新的过程才渐渐开始。”

思科公司的迈克尔·劳尔和英特尔的多夫·弗罗曼就是典型的新时代的科技冒险家。虽然已经在所就职的大型国际性公司中得到了锻炼，也获得了较高的地位，但他们依然努力要回到以色列。结果，他们不仅成了以色列科技发展的催化剂，同时事实也证明，以色列人的工作也为他们所就职的公司带去了关键性的突破。

无论是新时代的科技冒险家、“人才环流”还是以色列人出国之后的回归都是创新生态系统的重要组成部分，这将以色列和离散各地的犹太人联系在一起。居住在国外的以色列人，无论是学术界的，还是商业领域的，也常常成为连接以色列公司和国外市场以及投资者的桥梁。

生活在国外的以色列人组成了与以色列相关联的一种形式的大流散，另一类大流散形成的网络是由非以色列人的流散犹太人构成的。

以色列将本国获得成功的很大一部分原因归于流散的犹太人构成的网络，事实上，其他国家，从爱尔兰到印度，到中国，类似的网络也存在。值得说明的是，非以色列人的流散犹太人网络和以色列的关系并不是自动产生的，也不是以色列科技领域发展的关键推动因素。对比之下，流散各地的中国人，在本国的经济和法律体系不是很健全的情况下，所投的资占中国国外直接投资（FDI）的70%，而流散的印度人在祖国高科技基础设施建设方面也贡献颇多。以色列经历的状况却有所不同，绝大部分美国犹太投资者历史上都没触及过以色列的经济。直到最近，当以色列日趋强大的时候，许多流散的犹太人才开始将目光投向以色列，并觉得可以将其作为一个发展生意的地方，而不仅仅是出于同情或者慈善的心理对其进行投资。

所以，对于以色列来说需要创造性地利用流散的犹太人来刺激本国经济的发展。历史上以色列挖掘一小部分充满热情的流散犹太人帮助建设这个国家的做法，是有其制度的根源的，比如以色列空军的创立。

***

建立以色列的航空工业的幻想源于一次颠簸的航程。当时是1951年，飞机正飞行于北极的上空，这架飞机后来成了以色列国内新航空公司的第一架飞机。谈话在对立的双方中进行：西蒙 · 佩雷斯和阿尔 · 施维默。佩雷斯是以色列未来的总理，博学多才，1951年的时候，他负责这个新犹太国家的武器采购工作；而阿尔 · 施维默是一位来自美国洛杉矶的爱吹嘘的航空工程师，霍华德 · 休斯（Howard Hughes）和柯克 · 柯科里安（Kirk Kirkorian）都是他的朋友，施维默名字里的第一个词原本是“阿道夫”（Adolph），第二次世界大战开始后，他将这个词改成了“阿尔”（Al）。

这是佩雷斯和施维默若干次共同飞越极地冰原的其中一次，还是坐在为新生的以色列空军购买的二手飞机里。在极地上空飞行是危险的，但是他们乐意冒此风险，这样一来，飞行的距离就能缩短；对于一架几乎快要散架的飞机来说，这很关键。

阿尔 · 施维默是个十分健谈的人，在很早的时候他就被航空商业所吸引，那时候飞机还是很新奇的东西。美国介入二次世界大战时，施维默正在环球航空公司工作，当时美国的全部航线都投入到了战争中。虽然不是美国空军的正式人员，施维默和他的同伴们都被授予了军衔，并发给了制服，可以使用战争运送部队和他们的装备，一时之间他们像电影明星一样，在世界各地之间穿梭。

从实质上来说，战争期间，犹太人的身份并没有在思想或者生活方式上给施维默带来多大的影响，但是当他看到解放集中营以及新闻上的那些片段，当他和欧洲那些想尽办法想要逃到巴勒斯坦的犹太人交谈时，一切都改变了。几乎是在一夜之间，施维默就成了一个坚定的犹太复国主义者。

当施维默听说巴勒斯坦的英国人要遣返好几船的欧洲犹太难民时，他有了一个想法，而且也相信这是一种更合适的办法：绕过英国的海军巡逻队，将犹太人偷运出来，将他们降落在隐蔽的机场。施维默找到了本-古里安在纽约的秘密特使，然后将这个想法告诉了他。几个月的时间里，巴勒斯坦最主要的犹太军队地下组织——哈加纳的代表一直压制着这种想法。但是，当英国人很快就会撤走的消息越来越明晰，一场围绕以色列独立的阿拉伯人和犹太人的大战一触即发之际，哈加纳和施维默取得了联系。

这个时候，哈加纳有比偷运难民更急迫的事要做——构建一支空军。哈加纳连一架飞机也没有，很快他们就要这样赤裸裸地暴露在埃及空军面前了。施维默会为以色列购买、维修、走私战斗机吗？

施维默告诉本–古里安的代表，他会立即着手开始做这项工作，尽管他知道这么做会违反美国1935年的《中立法》（Neutrality Acts），这部法律明确禁止美国公民在未经政府授权的情况下出口武器。这就不仅仅是鲁莽了，而是犯罪。

在几天的时间里，施维默找到了几名犹太飞行员和一些美国、英国的飞机，施维默告诉他们这将是犹太人的第一批民用飞机。他一心一意想保密，甚至都不想让他们知道造战斗机的事情，少数几个甚至被告知这些飞机只是开往以色列的，如果有外人问起来，他们就说是正在为巴拿马开辟航线，将来会为欧洲运送牲畜。

虽然美国联邦调查局没收了施维默所购买过的最大的飞机——3架星座式客运机，他和自己的同伴还是成功地将其他飞机走私了出去。有些简直就是直接从美国联邦调查局特工的头上飞过去的，尽管他们叫嚣着要让飞机落地。在最后的时刻，哈加纳还达成了另外一笔交易，从捷克斯洛伐克购买德国的梅菲斯特，这几架飞机也被施维默开到了以色列。

1948年独立战争爆发后，施维默的飞机击退了正在轰炸特拉维夫的埃及战机。在另外几场战役中，以色列的“飞行员”在争夺内盖夫沙漠地带时发挥了很大的作用。内盖夫沙漠是耶路撒冷南部和特拉维夫市之间一片面积相对比较大的狭长三角地带，位于埃及西奈和约旦之间，现在它已经是以色列的一部分了。

以色列独立战争胜利后，尽管已成通缉犯，施维默还是决定回到美国。美国联邦调查局已经查出他走私的事，司法部也有一个刑事案件等着他。对施维默及其招募的飞行员的审讯引起了公众的轰动。被告称自己无罪，辩称因为法律本身就是非正义的。最后，施维默交了一些罚款了事，人们普遍认为这是对他的免罪。

一旦从官司中脱身，施维默重新回到走私活动中就不需要多少时间了。1950年，施维默开始和西蒙·佩雷斯联手，当时后者是本-古里安的一个年轻门徒，在新成立的以色列国防部工作。佩雷斯曾竭力想购买30架野马飞机给以色列空军，但是美国决定销毁这批飞机，被破坏后的飞机机翼被切了下来，机身也被分成两半。

最后，施维默的团队成员从得克萨斯州一个废品商那里以成本价买到了这些被切碎的飞机，然后对其进行重组，确保每个零件都在，且飞机可以使用。最后再把组装好的飞机拆散，用板条箱装好，印上“灌溉设备”的标签，装船运往以色列。

因为一些紧急的事，施维默和佩雷斯必须乘飞机到以色列去，所以他们就随同空运了几架飞机到特拉维夫市。这就是上述1951年两人在飞机上谈论未来以色列航空工业发展的场景。佩雷斯对施维默在以色列建设飞机制造工业的想法非常着迷，施维默所说的飞机制造不仅仅是为了满足短期战争的需要，这也正是佩雷斯想要在以色列建设工业的想法之一。

施维默认为战争结束后，会有很多多余的飞机需要处理，以色列完全可以用很少的资金买到这些飞机，对其进行维修、改进，然后再把它们卖给其他国家的军队和航空公司，同时也可以发展以色列本国的商业。回到美国后不久，佩雷斯就把施维默引荐给了本-古里安，后者当时正以以色列总理的身份对美国进行首次访问。

“你现在正在学希伯来语？”当施维默伸出手向本-古里安致意时，

本－古里安这么问道——独立战争期间他们常常见面。施维默大笑着转移了话题：“这里的漂亮姑娘都在加利福尼亚，是不是，总理先生？”

本－古里安想知道施维默正在做什么，施维默就向他讲了翻新飞机的事。

“什么？用这些小零件你们就能重新造出飞机来？”

施维默点头表示肯定。

“以色列需要这样的东西，甚至更多。我们需要一个真正的航空工业，我们要独立。”本－古里安说，这也正是施维默和佩雷斯在飞越北极上空时，曾经讨论过的，“你认为如何呢？”

施维默不知道的是，本－古里安最近已经指示以色列理工大学开设航空工程学专业。在下达指示的时候，本－古里安说：“更高的生活水平、丰富的文化生活、精神追求、政治和经济的独立——没有航空工业，这些都无法实现。”

“当然，您说得很对。”施维默一边说，一边和总理拥抱了一下。

“很高兴能获得你的认同，我们希望你能回到以色列帮助我们。”

施维默目瞪口呆地盯着佩雷斯。

“就这么做，阿尔。”佩雷斯说。但是施维默拒绝了。他的脑海里立即展现出一幅自己和以色列空军首领，还有虽然规模很小但影响却很大的以色列当局争论的画面。因为他还不会说希伯来语，也不是党内人士，施维默厌恶政治和官僚主义。此外，以色列的社会主义计划经济和任人唯亲的政治体系足以令所有人窒息，更不用说有人想要建设航空工业了。

施维默告诉本－古里安，他能做的就只是成立一家公司，前提是不要任人唯亲——不卖政治人情，不帮他们安排工作；只是一家私人公司，完全按照商业路线组建。

“你正是以色列需要的人。来吧。”本－古里安说。

施维默果真去了以色列。只用了5年的时间，施维默和另外两个以色列人共同创建的飞机维修公司贝德克（Bedek），就成了以色列最大的私人企业。

1960年，贝德克公司制造了一台改良版的法国富加战斗机，在正式揭幕及试飞时，这架飞机被称为Tzukit（希伯来语“燕子”的意思）。本-古里安对施维默说：“这个地方已经不仅仅属于贝德克了。你们完成的工作已经远远不止是维修，你们造出了一架飞机，它的新名字应该是以色列飞机工业公司。”此时，佩雷斯已经是国防部副部长，他为这家公司起了个新名字。

未曾借助任何人的投资，佩雷斯和本-古里安只是成功地拉拢了一个美国犹太人，就解决了以色列经济发展过程中长期看来最让人忧心的一个问题。

第九章　巴菲特试验

对于我们遍布全球的客户来说，是没有战争的。

——艾登 · 威萨姆

“我们来这里不是为了挖微软的墙脚，”谷歌的约勒 · 马瑞克（Yoelle Maarek）狡黠地笑着说，“但是，如果有人觉得和我们合作更愉快的话，我们也相当欢迎。”10周之前，黎巴嫩真主党的导弹像雨点般落在了海法，那里是Maarek率领的谷歌研发中心所在地。现在，在不到一年的时间里，她又来到了特拉维夫，要在这里建设谷歌的第二个研发中心。

约勒 · 马瑞克在法国长大，曾在法国学习工程学，后来获得哥伦比亚大学和位于海法的以色列技术工程学院计算机科学博士学位。担任谷歌驻以色列研发负责人之前，她在IBM研究所工作过17年，专门从事“搜索”领域的研究。当时谷歌还没有成立，互联网也还处于起步阶段。

在马瑞克看来，搜索的起源有着悠久的历史。16世纪的学者根据《圣经》词汇的某种前后一致性，寻找提到摩西的地方和上下文。这种一致性就是“本质上的索引，是每一个搜索引擎都会使用到的数据结构。500年前，人们用手工来进行查找……作为以色列人，作为犹太人，我们是圣书的子民。我们想查阅文本，我们喜欢搜索。”马瑞克说。

谷歌以色列2008年的广告收入为1亿美元，约为2007年广告收入的两倍，占以色列广告市场的10%——远高于谷歌在其他大多数国家的市场份额。

虽然谷歌已经成长为涵盖各种产品和技术的商业帝国——从搜索，到Gmail，到YouTube，再到手机软件以及其他产品——但是公司的核心仍然是其无处不在的主页。如果说世界上流量最大的主页是谷歌的神殿，那么它的搜索框就是最为神圣之处。

对于谷歌以色列来说，要承担起直指搜索框这一公司核心的项目，是颇具野心的。以色列团队实施了一个搁置两年未被触及过的实验概念——谷歌搜索建议（Google Suggest）——使之成为如今亿万人每天都会看到和使用的工具。

如果你还没有注意过，谷歌搜索建议就是你输入搜索请求时弹出的建议列表。随着你输入每一个新字母，搜索建议会不断更新，速度跟你打字的速度一样快。

谷歌以瞬间搜索出结果而著名。但谷歌搜索建议在输入每个字母时都要实现这一壮举。信息要先传达到谷歌的服务器，然后才能发回一系列相关的建议，这一切都发生在输入下一个字母前的一刹那。

经过两个月的研究，团队取得第一次突破。前谷歌中国总裁李开复表示，他愿意冒着搜索速度减慢的风险进行尝试。因为汉字很难输入，所以让谷歌搜索建议帮助填词在中国很有价值。谷歌建议成功了，迅速应用到谷歌在香港、台湾地区和俄罗斯及西欧的站点，并很快扩展到世界各地的谷歌站点。

当然，微软也不甘于落后，2006年黎巴嫩战争期间，两千枚导弹所造成的破坏尚在修复之时，毫不畏惧的比尔·盖茨就来到了以色列，这也是他初次踏上以色列的国土。他的到来向人们传达了一个非常明确的信息："我们不怕谷歌，"盖茨在接受当地媒体的采访时说，"但微软和谷歌之间的竞争肯定会很激烈，谷歌是我们主要的竞争对手。不过，网络搜索引擎本身还十分不成熟。"这场新的战争的前线就是以色列。早些时候，盖茨曾经说过："发生在以色列的创新对未来科技的发展至关重要。"

世界首富离开以色列后不久，全球第二大富翁沃伦·巴菲特也出现在了这片土地上。巴菲特是美国最受人尊敬的投资家，他这次到以色列是为了参观他在美国之外购买的第一家公司伊斯卡（Iscar）。这次他用52个小时的时间来了解伊斯卡——他耗费45亿美元买下的一家机床公司，以及了解以色列——一个不断出现在他耳畔的国家。"你会觉得这里的人在2000年前就迈着现在这样的步伐，"说起在耶路撒冷的感觉时，巴菲特说，"然后你看到矗立在山巅的伊斯卡工厂，它的产品远销到61个国家——无论是韩国、美国、欧洲或者你叫得上名字的任何国家。这太让人震撼了！我想在附近的一些地方，甚至世界的其他角落，你很难再找到像这样的过去和未来的结合体了。"

但是，要让沃伦·巴菲特相信这是一段美好的历史，然后选择以色列作为改变他数十年来不在美国之外的地方收购公司的转折点，这看起来似乎是不可能的，同时也别指望这个信奉风险规避的人会对以色列的不安全因素置之不理。

你不是沃伦·巴菲特，自然也不用为风险担忧。每个公司在远离总部的任何地方进行投资时都会认真地权衡风险利弊，更不用说是在被公认为战区的地方了。依巴菲特之见，问题在于你怎么看待风险。

贝特谢梅什（Beit Shemesh）是耶路撒冷和特拉维夫市之间的一个住宅区，Vringo的总部便在此地，我们坐在乔恩·米德维的办公室里讨论在以色列投资的风险性，不过在回答我们的问题之前，米德维先抛出了他自己的问题。他从演示文稿中找出其中一张——他在扮演非正式的经济大使时常常要作关于“以色列芯片”的演示。

“看看这张图。”他对我们说（图9–1）。

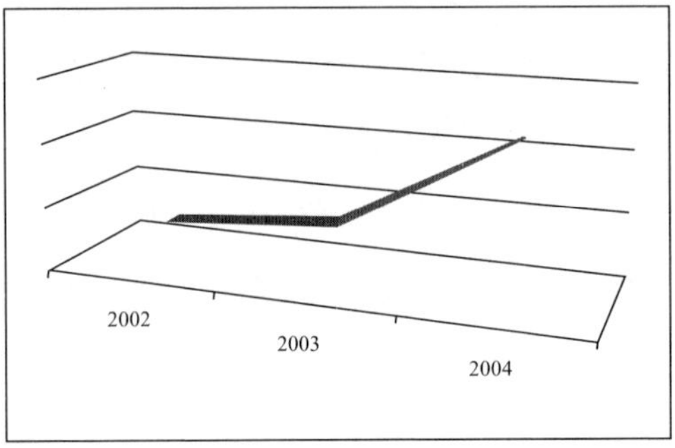

图9–1

“你们看到了什么？”米德维问道。这幅图的X轴表示2002~2004年这个时间段，但是Y轴没有说明，有一条直线向斜上方延伸，一直到了图的右上角。可是因为Y轴没有对应的说明，所以看起来这有点像脑筋急转弯。这幅图是不完整的。

“嗯，某个方面在2002~2004年处于增长状态，但是Y轴并没告诉我们‘某个方面’是什么。”我们答道。

“非常准确。”米德维说，“‘某个方面’可能会是许多方面，比如其中之一：暴力事件。很不幸，这是以色列历史上最充满暴力的一段历史，正处于第二次巴勒斯坦大起义和第二次黎巴嫩战争之间。这幅图描述的可能是这些年间袭击以色列的导弹的数量。”

但是，从另一个角度来看，这幅图描述的也可能是以色列的经济，米德维说，在这几年里，以色列的经济正好也在快速增长。然后，米德维又演示了另一张图，实际上，这张和上一张情况类似（图9–2）。

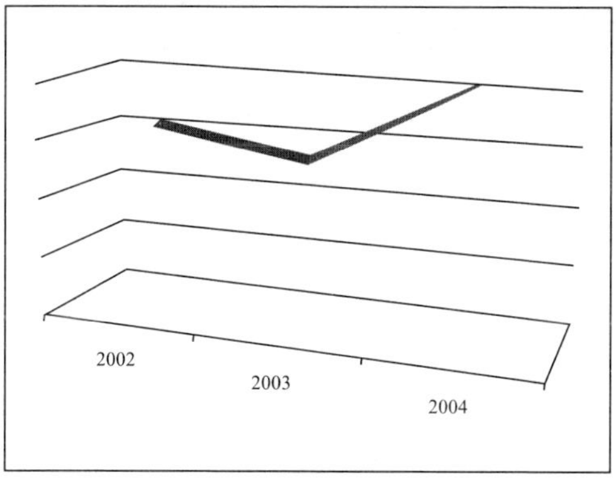

图 9–2

这张图的Y轴表示“投资于以色列高科技行业的国外资本”。很明显，还是同样一段时间，导弹袭击数量在增加的同时，国外投资的资本也在增加。

事实上，在我们观察其他经济指标的时候发现，许多组数据都和这幅图上折线的走向大致相符。比如国外直接投资（FDI）——另一个宏观经济指标——指以各种形式流入一个国家的国外投资的总和。2000~2005年，以色列的国外直接投资增加了两倍，在全球风险投资中所占的比例翻了一番。

米德维的意思并不是说以色列的暴力事件和对投资者的吸引是相互关联的，只是，他相信以色列有能力在面临安全威胁时，依然能保持强劲的经济增长势头。换句话说，以色列人对自己的创业公司充满信心，相信它们能在战争和混乱的局面中保持生机。而真正让人吃惊的是，以色列的企业家尽量让那些投资者也相信这一点。

爱丽丝 · 施罗德（Alice Schroder）是《滚雪球》（*The Snowball*）一书的作者。这是唯一一本经沃伦 · 巴菲特本人授权的传记。当被问及对巴菲特投资以色列的看法时，她说：“沃伦一直在比较安全的环境中进行投资，每次进行投资决策时他都会用这种标准去衡量，就好像你在已经有保险的情况下再去衡量风险一样，你真正需要担心的只是发生地震或者飓风的可能性。沃伦会问：在那里可能会发生哪种灾难呢？我能不能承受得了？”

伊斯卡是巴菲特收购的以色列公司，其主要工厂和研发中心都位于以色列北部地区，曾经两次受到了导弹袭击的威胁，一次是在1991年海湾战争期间，整个国家都成了伊拉克萨达姆·侯赛因（Saddam Hussein）的目标；一次是在2006年的黎巴嫩战争期间，黎巴嫩真主党向以色列北部城市发射了数千枚导弹。“难道这些算不上是灾难式的风险吗？”我们问施罗德。

施罗德说，巴菲特的观点是：如果伊斯卡的设备被炸毁了，可以再建设。工厂本身并不代表公司的价值，伊斯卡真正的价值在于拥有优秀的员工、良好的管理水平、遍布全球的忠诚客户以及它的品牌。所以，导弹尽管可以破坏工厂，但是，在巴菲特看来，那并不意味着灾难式的风险。

2006年，仅仅是在巴菲特收购伊斯卡后的两个月，黎巴嫩战争爆发了，4 228枚导弹落到了以色列北部地区。伊斯卡所在的位置距离黎巴嫩边境仅8英里之遥，首当其冲地成了导弹攻击的目标。

艾登·威萨姆是伊斯卡的公司总裁，正是他将这家公司出售给了巴菲特。他告诉我们，在战争打响的第一天，他打电话给巴菲特。“我们唯一关心的就是员工的安危，因为残破的机器可以修理，打碎的窗户可以重装，”威萨姆回忆起他和巴菲特的通话时说，“但是，‘我不确定你是不是了解我们的决心’。我说：‘尽管我们只剩下一半的员工了，但是我们保证所有客户的订单都会按时完成，甚至还会提前。’”

有一枚导弹确实击中了威萨姆家族建造的泰芬工业园区，而伊斯卡是这个工业园区的中心，同时还有许多导弹落在了工业园区的附近。战争期间，许多工人同自己的家人一起暂时移居到了以色列的南部，伊斯卡的客户永远不会知道，“留给我们调整的时间多么短暂，但是我们不能错过任何一次发货时间，”威萨姆说，“对于我们遍布全球的客户来说，是没有战争的。”

通过这种应对威胁的方式，威萨特及其他企业家把本应该足以让以色列陷于风险之中的危机，转化成了以色列神圣的资产，正是这种资产吸引了巴菲特、谷歌、微软以及其他众多企业和企业巨头，使他们从世界各地汇聚于此。

多夫·弗罗曼的经历比以色列也好不到哪里去。多夫·弗罗曼出生于阿姆斯特丹，他刚出生几个月，第二次世界大战便全面爆发了。后来纳粹对荷兰的控制越来越严厉，多夫的父母决定将他藏到范蒂尔博格家，这是一个虔诚的基督教徒家庭，多夫的父母是通过荷兰的地下组织找到他们的。当多夫来到位于荷兰乡村的农庄时，他才3岁，不过到现在他都记得那时候必须用帽子把自己的黑发盖起来，因为这个家庭中的其他人都是金发。每当德国人来搜查的时候，他就和家里的兄弟们藏到床下面、地窖或者树林里。几年之后，多夫听说他的爸爸死在了奥斯威辛集中营。而他也始终没有弄清楚自己的妈妈是何时被杀的。

弗罗曼的姑姑在20世纪30年代逃到了巴勒斯坦，她在战后找到了多夫所在的荷兰家庭，并说服他们把多夫送到了犹太人孤儿院，这样他才能移民到巴勒斯坦。1949年，10岁的多夫来到了新成立的以色列。

1963年，多夫·弗罗曼即将从以色列工程技术学院毕业，为了“给以色列开辟一个新的专业技术领域”，他决定继续去美国深造。于是他考取了麻省理工学院，但是最后去了加州大学伯克利分校，这里为他提供了奖学金，这实在是个充满巧合的选择。

在读研究生期间，弗罗曼就受雇于安迪·格罗夫，在飞兆半导体公司工作。几年之后，格罗夫和戈登·摩尔、罗伯特·诺伊斯（Robert Noyce）一起创办了英特尔，弗罗曼理所当然地成了这家新创业公司的第一批员工。他很快就成了公司的名人，因为他发明的可编程记忆存储芯片成为英特尔最传奇、最能赢利的产品之一。之后，在一个高级管理职位唾手可得之时，弗里曼宣布他将离开英特尔，到加纳当老师，教授电气工程。

用他的话说，他是在“寻求冒险、个人自由和自我发展”。

英特尔的同事都觉得弗罗曼简直是疯了，在公司即将上市的时候离开，舍弃那么多能赚钱的员工优先认股权。但是，弗罗曼知道他想要的是：开一家公司，而不仅仅是为别人打工。他同时也明白如果一直待在管理岗位上，那他很可能再也回不去以色列了，在那里他还有要为以色列的经济实现具有革命性的梦想——成为芯片设计领域的领导者。

1973年，实现梦想的机会终于到来了。当时英特尔的工程师严重短缺，弗罗曼回到英特尔，向格罗夫提出了在以色列建立设计中心的想法，并很快组织了一个考察团奔赴以色列。由于赎罪日战争，英特尔团队一直到1974年4月才最终踏上以色列的国土，他们很快为海法的新设计中心雇用到了5名工程师。英特尔先前从未有过在国外设立研发中心的先例。“毕竟，我们属于研发行业，我们不能冒险把公司的未来，把公司的核心业务放到无法控制的国外。”一位来自加利福尼亚的前英特尔员工说，“以色列是第一个让我们这么做的地方，许多人觉得我们疯了。”

就这样，以色列团队凭着30万美元的投资和5个全职雇员就开工了。不过，到这个国家建国30周年之时，它已成为拥有5 400名员工、以色列最大的私营企业。最初看来，英特尔在以色列的投资像是赌博，而日后，这成了公司成功的关键因素。英特尔以色列公司负责设计了第一批IBM个人电脑的芯片、第一批奔腾芯片以及一个新的架构，分析师认为正是这个新的架构拯救了20世纪90年代处于下降旋涡的英特尔，正如我们在第二章中阐述的那样。在以色列南部的加特村，英特尔投资35亿美元建立了一个工厂；在那里，以色列人设计的芯片上的晶体管极小，以至于3 000万个这样的晶体管才相当于大头针的针头那么大。很明显，以色列已经成为英特尔至关重要的制造中心，而且事实证明，没有什么能阻挡它的生产，即使是战争。

“我们相信你的判断，多夫。做你认为必须做的吧。”这是在1991年1月海湾战争爆发后英特尔高管发来的信息。

5个月前伊拉克入侵科威特，从听到这个消息的那一刻起，担心必须把工人遣散回家的想法就一直萦绕在弗罗曼的心头。在投入工作的沉静时刻，在停机坪上等飞机的时候，或者临睡前，这个念头总是浮现在他的脑海里。弗罗曼知道关闭所有的工厂对英特尔以色列公司来几乎是灭顶之灾，所以他努力想赶走这个念头。

在美国向沙特阿拉伯地区部署几十万兵力为战争作准备的同时，弗罗曼却被英特尔所面临的风险牵制着心神。最终，IBM将一场赌局摆在了英特尔面前，这对英特尔来说，可能是一次重大的转机：IBM决定用8088芯片来提高个人计算机的功能，但是这个计算机巨头要求英特尔必须将其技术授权给12家制造商。即使是英特尔设计了8088，但IBM认为只靠英特尔一家制造芯片有点太冒险了。所以英特尔只能得到全部收入的30%，对IBM来说是安全和价格优势，对英特尔来说却意味着更少的利润。

1983年，新一代芯片286诞生，英特尔成功说服IBM将授权制造商的数量减少到了4家，如此一来，英特尔自己的工作量就增加了。到1985年，耗资2亿美元、历时4年、速度更快的386芯片研发成功，这时面临赌局的一方成了IBM，他们接受了英特尔的请求，默许其为386芯片的独家制造商，全世界大部分新台式机的功能都由此大大增强了。这种战略使英特尔的利润达到了最大化，但同时也是种风险：如果英特尔无法及时提高制造能力该如何应对？对于英特尔圣克拉拉的管理层来说，更大的风险在于将如此重要的新任务都交给了以色列。

而主要的负担都落在了位于耶路撒冷的英特尔以色列芯片制造厂，他们实行12小时轮班制，一周工作7天，这里的芯片产量占据了英特尔全球产量的3/4。

但是，这种产量也受到过威胁。萨达姆·侯赛因曾宣称，如果美国胆敢发动攻击，那么他将向以色列发射导弹作为回应。

以色列政府相信了萨达姆的言论，伊拉克的飞毛腿导弹可以在10分钟之内到达特拉维夫市，而且这种导弹还可以装载化学核弹头。1990年10月，以色列政府下令在全国范围内分发防毒面具，这是二战开始以来规模最大的一次。

这段时间对以色列来说简直像做梦一样。在幼儿园里，老师向5岁的孩子讲解发生袭击时，如何使用防毒面具；一旦警报响起，如何快速逃到专门设置的“密闭室”。防毒面具的分发系统可谓是煞费苦心，每个家庭都会收到一封信，告诉他们如何才能领到防毒面具。以色列国防军将国土前线司令部的办公室设在了各大商场里，所以在买完新鞋、喝杯咖啡后，再顺便为自己的家人捎上几个防毒面具便成了很常见的事。

在战争期间或者战争之前，弗罗曼做了每个以色列经理人所应该做的事：他起草了一份应对“标准”战争状况的应急计划，战争期间，雇员们会被征召到预备役部队服役。大部分45岁以下的以色列人每年都会到预备役部队服役1个月，全面战争期间，这些平民士兵被征召的时间就要依据政府的需要而定。这种做法给以色列的商业造成了极大的负担——包括许多工作日的流失还有生产能力的降低——即使到了和平时期，这种影响仍会持续。战争期间，员工们动辄就几周甚至几个月不上班，结果许多以色列公司在战争期间遭遇了破产的命运。

1991年1月初，美国和欧洲的商业航空公司取消或减少了飞往以色列的航班，1月11日——在联合国为伊拉克撤出科威特规定的最后时限的前4天，美国政府建议美国侨民暂时离开以色列。1月16日，以色列政府宣布，所有学校和商业机构，除个别必须在岗的企业（比如电力设施）外，一律关闭1周，也许时间还会更长。政府希望人们待在家中，远离公路，一旦听到防空警报，随时准备进入密闭室躲避起来。

对于弗罗曼来说，遵守政府的指示就意味着要在公司如此关键的时刻，搁置英特尔386芯片的生产。弗罗曼期望关闭的决定能得到管理层的全力支持，但他同时也清楚，老板可以批准你因病离开，并不意味着你们的关系不会因此而受到影响，尤其是当这种“疾病”在未来看来还会经常反复发作的时候。

“在决定是否将战略科技和核心产品转移到以色列的时候，公司内部也经历了痛苦的挣扎。”弗罗曼回忆说，“我始终相信，如果我们必须中断生产，即便是很短的一段时间，长期来看，我们也会为此付出沉重的代价。”在说服英特尔管理层将公司的未来交到这个国外的前哨手上时，弗罗曼已经耗费了自己的时间和政治资本，这是他第一次离开英特尔时的梦想。现在，这一切就要被飞毛腿导弹终结了。

但是弗罗曼还有另外一个更让人惊讶的想法：“我一直在想以色列的……仍然较小的高科技经济体的生存。人们对以色列地区地缘政治不稳定这一根深蒂固的印象阻挡了以色列吸引更多投资。如果我们不能在紧急状态下运行，那么所有跨国公司、投资商以及市场的信心会瞬间瓦解。”

弗罗曼花了足够多的时间到国外去了解究竟是什么抑制了在以色列的投资。“你要知道几乎每天都有一条关于以色列的头条新闻，而且是坏消息，全世界的人民都知道。”弗罗曼说，“又一次恐怖袭击……又一次边境上的挑衅……更多的流血事件、暴乱、恐怖事件和战争。这就是人们知道的全部。”

弗罗曼相信以色列——及其以色列的经济——需要一个与此相反的描述。当1月15日最后的期限到来之时，弗罗曼则沉迷于一场假想的董事会辩论——地点是在美国的某地——发生在一位热心于投资以色列的总裁和一位行事谨慎、认为他很鲁莽的董事之间。对于这个热心的人来说，他需要怎样的支持呢？我了解你们的忧虑，我也看新闻，但是我们不要忘了，海湾战争期间，就是英特尔以色列公司生产了386芯片——英特尔最重要的微芯片之一。以色列人从未落下过一个订单，都按时完成了，没有延误……一次也没有……甚至是在导弹落下的时候，也没有。

1月17日，弗罗曼不顾政府的命令，擅自向雇员宣布了他的决定：战争期间，英特尔–以色列公司正常工作，但是以自愿为原则，在此期间不上班的工人不会受到任何惩罚。

1月18日凌晨两点，弗罗曼和绝大部分以色列人被防空警报惊醒，他和家人迅速戴上防毒面罩，躲到家里一个安全的房间。警报解除后，他们才知道有8枚导弹袭击了特拉维夫和海法，就在英特尔主研发中心不远处，但是这些导弹没有装载化学核弹头。也许接下来的几天会有更多的导弹，那时候，谁也不知道萨达姆是否会给飞毛腿配备化学核弹头。

凌晨3点半，弗罗曼戴着防毒面具来到工厂，径直走向净化室，这里是芯片厂的核心区域，在这儿工作的技术人员都穿着类似航天员一样的衣服，以保证整个环境是无尘的，这里的工作已经恢复正常了。有人告诉他，早先在警报响起的时候，雇员都躲进了工厂的密闭室，但是在跟家人简短的通完电话后，他们又都回到了工作岗位上。当袭击后的第一个早班开始时，弗罗曼希望看到——最好的情形——早班工人的一半，事实是75%的人都来了。伊拉克第二波袭击后的那天晚上，英特尔海法设计中心来上班的人数增加至80%。袭击越是猛烈，来上班的人就越多。欢迎来到以色列的“新常态”。

但是英特尔圣克拉拉总部的管理者再也不能不理会以色列了。两天后，在一次与圣克拉拉连线的电话会议期间，防空警报再次响起，以色列团队成员要求离开片刻，他们戴上防毒面具后在密闭室里继续进行电话会议。一些英特尔员工甚至在房屋内组织了一个战时幼儿园，因为学校还在关闭期间，如果工人们要成为弗罗曼的不畏风险的使命的一分子，他们别无选择只能带着孩子来工作。在正常的工作之外，员工还自愿轮班担负起幼儿园的工作。

当一家新的跨国公司决定是否要在以色列设立核心业务分支机构的时候，弗罗曼的承诺就是一笔财富，依然发挥着作用。其中有些设施，如谷歌公司就是2006年黎巴嫩战争期间建立起来的。

对这种现象的解释也不仅仅是工程人才之多，还有更内在的因素，比如，以色列整个国家及个人对成功的不懈追求。以色列人有这样一个词——davka，一个无法翻译的希伯来语词汇，意思是“尽管有人‘揭伤疤’，也要打个翻身仗”。这好像在说：“你越是攻击我们，我们就越是会成功。”

就像艾登·威萨姆在2006年黎巴嫩战争开始的时候对沃伦·巴菲特所说的那样：“当导弹落在我们身边的时候，我们用提高产能来决定谁将是这场战争的胜利者。以色列人，把他们经济体和商业的信誉看做是国家的自豪，是国家的决心和力量的体现，他们使国外投资者对以色列的信心空前高涨，让人们相信以色列人有能力实现承诺，甚至比承诺的更好。感谢多夫·弗罗曼、艾登·威萨姆和其他一些人，因为他们，投资商和跨国公司来以色列寻找商机时，不必再担心灾难式风险的存在。”

第十章　悬崖边的格斗

“在埃尔维斯之前，无所谓摇滚。”就以色列风险资本和高科技企业家精神的成功，套用列侬的话说就是：“在Yozma之前，无所谓风险投资。”

——欧娜 · 贝瑞

欧娜 · 贝瑞（Orna Berry）博士的儿子阿米特（Amit）为母亲传递了一条价值3 200万美元的信息。阿米特从他妈妈的语音信箱导出了消息——德国电信集团西门子的一位副总裁打来的电话，当时欧娜 · 贝瑞正在去往国外的途中，要把自己的创业公司推荐给有收购意向的更大的公司，因此这个电话她没有接到。来自西门子的这一消息标志着欧洲某家公司首次收购以色列公司迈出了第一步。整个收购最终是在1995年达成的。

欧洲人动辄投资上亿欧元收购以色列的公司，在现在看来是司空见惯的事，而在1995年，以色列的创业公司被欧洲公司买下却是闻所未闻的。欧娜 · 贝瑞认为，正是得益于当时以色列政府的新政策——Yozma规划，才使得这一切成为现实。她也认为因为政府的这种积极主动的政策，成百上千家以色列的创业公司还会有类似的经历。

欧娜 · 贝瑞博士被称做以色列商业领袖的先驱。1997年，贝瑞成为以色列产业、贸易和劳动部的首席科学家；2007年，她开始担任以色列风险投资协会主席一职。她持有南加利福尼亚大学的计算机科学博士学位，在科技顾问公司美国优利系统（Unisys）工作，之后她回到了以色列，先在IBM任职，后转投英特尔。

1992年，欧娜 · 贝瑞第一次创业。她和5个来自Fibronics公司的同事创建了奥奈特数据通信公司，Fibronics公司是以色列的一家较早的技术公司，奥奈特数据专门开发局域网软件和设备，使局域网的速度提升了一倍。

在大部分用户通过电话拨号连接到万维网的时候，以太网技术正通过接入局域网的方式发展壮大，把家里或办公室的多台计算机互联成计算机组。在局域网内部，各个计算机之间可以传输更大的信息量，速度也会更快，但带宽相对来说还很有限。奥奈特数据通信公司提供的解决方案为这种互联起来的计算机创造了一个交换器，贝瑞预测这种做法将会使带宽增加至原来的50倍。

奥奈特数据通信在以色列北部加利利的迦密有少数几个雇员，在波士顿有一个办事处，那里聚集了一些国际性人才，贝瑞从附近路过时会去看看。在公司成立初期，贝瑞常常要飞往美国去筹集资金，但她很快就意识到自己还是两手空空。

“当时我们无法筹资，当地的风险资本很少，又没有任何机制可以为创立初期的高风险资本融资。”贝瑞说。

风险资本通常是指投资于高增长型科技企业的资金。但是，对于大多数国外投资者来说，把钱放到以色列看起来有点荒谬，在他们的心里，以色列就是古老宗教、考古挖掘和极端冲突的同义词，即使是那些惊叹于以色列的研发能力的投资商也会被暴力事件吓倒，尤其是20世纪80年代后期的一系列冲突。

以色列种子基金公司（Israel Seed Partners）的合伙人乔恩·米德维说："可能你跟一个美国基金管理者说到脸色发青，跟他们说，嗨，来以色列投资吧。他们一定会嘲笑你。"

整个20世纪80年代期间，以色列都很缺乏风险投资，这还带来了另外一些问题。在西方，风险投资者的角色不仅仅是提供现金，他们还具有引导作用。风险资本的介入会引进其他投资商、潜在的收购者以及新的客户和合作伙伴，对于刚刚起步的创业公司来说，这些都是弥足珍贵的。一笔好的风险资本的注入对企业家运营公司非常有帮助。

"很明显，在那段时间以色列失去了很多的机会。"20世纪80年代末在政府任职的另一位首席科学家依盖尔·欧利希（Yigal Erlich）说，"虽然以色列人在科技领域成果颇丰，但是他们却不懂得如何经营公司和销售产品。"

从一开始，以色列的企业家就必须站在全球的视角来考虑问题——为远在千里之外或者相隔了好几个时区的市场提供产品。但是一些严重的问题也一直困扰着以色列人：如何使自己的产品适应那里的市场？如何生产、营销并最终将产品分配到距离地中海海岸如此遥远的客户手中？

以色列在引进风险资本之前，存在两种融资的渠道。其一，以色列的创业公司可以向工贸部科技总监办公室申请配额的政府资金。但是，这些资金实际上根本不能为创业公司提供足够的支持，这样一来，大部分创业公司也只能以失败收场。20世纪80年代末政府公布的一份报告中说，60%的科技企业认为它们满足了资助所规定的条件，但是却无法筹集到后续资金，为产品的营销提供支持。它们可能有能力生产出出色的产品，但是却没有能力将产品销售出去。

其二，以色列企业可以向BIRD申请资助。该项目由美国和以色列政府共同出资，总额为1.1亿美元，全称为以色列-美国跨国产业研发基金（Israel-U.S. Binational Industrial Research and Development Foundation, BIRD），旨在为美国和以色列的合资公司提供资金支持。BIRD一般会在两到三年的时间里为合适的企业提供50万至100万美元的资助，然后从成功项目所赚取的小额特许费用中重新获得回报。

1978年，在美以产业研发顾问理事会上的一次即席演讲让埃德·姆拉维斯基成了BIRD的执行董事。BIRD在两年前就已成立，可是直到现在还没有资助过一个项目，理事会正在开会打算为该机构选择一个合适的领导。然而，理事们对现有的候选人都很不满意。姆拉维斯基出生于英格兰，但已成为美国公民，同时也是泰科国际（Tyco International）的执行副总裁。他说："先生们，这太可怕了，即便我比其他候选人做得更好。"理事们一致认为让姆拉维斯基来担任此职是个不错的选择，所以就努力说服他辞掉现在的工作，举家搬到以色列生活。姆拉维斯基的妻子不是犹太人，他本人对以色列的感情也不是很深，但是在美国原商务部副部长乔丹·巴鲁克（Jordan Baruch）的苦苦劝说下，姆拉维斯基终于答应来以色列。"到一个我不想居住的国家面试一份我不想要的工作。"但是，他的妻子持支持态度，她1979年曾经到过以色列，并深深地爱上了这个有着创业文化的年轻国度。所以姆拉维斯基向泰科公司申请休假，把家具都放到仓库里，就这样来到了以色列。他或许可以在这个职位上干上13年再退休，但他和别人合伙成立了Gemini——以色列第一家政府资助的风险投资公司。正是这家公司让姆拉维斯基意识到以色列是这样一个开放的国度，你可以尝试任何想法。在踏上以色列的国土、融入以色列的生活之前，他从来没有如此尽情地大干过。

姆拉维斯基称BIRD是一种"约会服务"，因为他和他的团队实际上就是以色列科技公司和美国公司的媒人，后者可以为前者的产品在美国找到市场和销路；不仅如此，这个媒人还要为约会产生的成本提供资助。

BIRD资助的大部分美国科技企业的研发费用预算都很有限，因为它们大多是公开上市交易的大中型企业，所以都不情愿从季度收入中掏钱支付高昂的调研费用。

“我们来到美国的公司，对他们说：‘有一个叫做以色列的地方，你们可能听说过，也可能没听说过。那里有许多聪明、创新能力极强、受过良好培训的工程师，我们可以为你们联系他们，你们不用付钱雇用这些人，不用重新安置他们，也不必担心项目结束后的问题。除了为你们引荐这样一个团队之外，我们还会为你们在该项目中所承担的部分提供所需资金的一半作为支持，同样的资助也会提供给以色列一方。’”姆拉维斯基说。

迄今为止，BIRD已经为780多个项目提供了超过2.5亿美元的投资，这些项目直接和间接的销售额共计80亿美元。

BIRD的影响远不止于这些收入：它教会那些生机勃勃的以色列科技公司如何在美国做生意，它们开始和自己的美国搭档密切合作。许多公司还在美国设立了办事处，把员工派到海外，在那里它们可以更多地了解市场和自己的客户。

姆拉维斯基说：“在无法通过股权融资的情况下，BIRD提供了一条通往美国市场的捷径。即便风险投资最后以失败告终，至少为以色列的科技企业在如何使产品更适应市场，而不是简单地专注于开发科技方面提供了大量可资借鉴的经验。”

截至1992年，在纽约证券交易所上市的以色列公司，近60%都接受过BIRD的资助；在纳斯达克证券交易所上市的以色列公司，有75%接受过BIRD的资助。美国的风险资本家和投资商开始将目光投向这些公司，以色列高科技类出口的74%源自这4%的高科技公司。如果新的科技公司不能得到BIRD或政府的资助，他们就必须掌握“依靠自己的努力获得成功”的生存之道：利用私人资源、关系网或者其他方法，将公司推到通往成功的道路上。

乔恩·米德维懂得如何靠自己的努力获得成功，从1982年挨家挨户推销父亲的半导体开始他就知道。那时，父亲的公司只有10个人，在一个原本是车库的地方生产光电发射器和光电接收器。米德维承认他从未在大学里上过哪怕是一堂数学或者物理课，因此也不懂得他父亲这些东西的微妙之处。此外，米德维也不会说希伯来语。

“我在那些对光纤一无所知的以色列工程师面前侃侃而谈，给他们做关于光纤技术的讲座，如果有人问到很尖端的科技问题，我会以不懂希伯来语做掩护——‘我听不懂你在说什么，对不起！’”米德维为公司写了一份商业计划，用他那旅行箱大小的电脑上刚装上的制表软件做了几份预算表，但是和欧娜·贝瑞一样，他也渐渐发现想获得投资是不可能的。

“在风险资本来到以色列之前，那里既有沙滩也有Scitex。”身为以色列第一批风险资本家之一的亚丁·考夫曼（Yadin Kaufman）说。这个我们今天称之为硅溪（Silicon Wadi）的区域，地处特拉维夫和海法之间的地中海沿岸，既有沙滩美景，也是成千上万个以色列创业公司的聚集地，而过去，这里无非就是个日光浴场，只有少数几个像Scitex一样的高科技公司。Scitex专注于为大型或超大型印刷商制造设备，后来被惠普公司收购。

政府的首席科学家欧利希一直很关注企业所面临的资金问题，想尽办法寻找出路，但是也有一些人反对他这么做：“别在这些新成立的小公司上浪费你的时间和精力了，这真是得不偿失。”另一方面，政府的经济学家要求增加用于以色列和大型跨国公司的资金，同时加强两者之间的合作，那时候有成千上万的以色列人在这些跨国公司就职。

那时以色列还面临着另外一个挑战——如何安置已经开始涌入这个国家的、近百万名前苏联犹太移民。政府认为，如果要很好地接纳这些移民，以色列经济必须要创造出50万个新的工作岗位。考虑到1/3的前苏联犹太移民是科学家、工程师或者技术专家，以色列的高科技部门看上去成了最好的解决办法，但是光凭现有的研发中心根本不可能容纳这么多的新雇员。

1991年，以色列政府就创立了技术孵化器企业——一共有24家。这些孵化器企业为大部分前苏联移民科学家创新提供了初期研发所需的资源和资金，但是其目标不仅仅是研发，更重要的是要看研发的产品是否具有市场价值和销售前景。政府通过最高额为30万美元的小额资金资助了数百家公司，这使许多前苏联移民大显身手。但是这种小额的资金根本起不了什么作用，如果非说有的话，那也就是一些创业经验。政府的财经部门无法为这些企业提供它们所需要的支持，来帮助它们把那些研发成果成功地转化成商业化的产品。

"每年，当我试图去审视这些小公司中有多少脱颖而出时，总是会被失望的情绪笼罩，可能这些公司曾在研发上获得了成功，但是在成功的创业公司中不再有它们的踪影。"欧利希说。他开始意识到私人风险资本才是唯一的出路。但是他也明白为了获得最终的成功，以色列的风险资本行业必须和国际金融市场建立密切的联系。这种国际性的联系不仅仅为了融资，雄心勃勃的以色列风险资本需要指导，需要掌握指导商业活动的艺术。在美国，有成千上万家这样的风险投资公司，硅谷那些成功的科技创业公司的每个细节都可见它们的踪影。它们精于创建新公司，了解科技，知道融资的流程，指导着初次创业的企业人士。这些正是欧利希想要带给以色列的。

就是在那时，财政部里一帮年轻的官员提出了一个想法，称之为Yozma，希伯来语的意思是"首创"。

就像欧娜·贝瑞告诉我们的一样，"约翰·列侬就早期摇滚乐曾经说过，'在埃尔维斯之前，无所谓摇滚。'就以色列风险资本和高科技企业家精神的成功，套用列侬的话说就是，'在Yozma之前，无所谓风险投资。'"

Yozma项目就是政府出资1亿美元用来创建10个新的风险资本基金。每一份基金都必须由三方代表组成：接受培训的以色列风险资本家、一家国外的风险资本公司以及一家以色列投资公司或者银行。另外Yozma还有一项金额为2 000万美元的基金，将直接投资于科技公司。

Yozma项目最初提供的几乎是一对一的资助，也就是说如果合作方能筹集到1 200万美元的资金投资于新的以色列科技公司，那么政府将出资800万美元资助这家科技公司。

“很快就出现了问题。”米德维说，所以政府提高了标准，如果想拿到政府资助的800万美元，风险投资公司必须筹集到1 600万美元投资。

然而，对于国外的风险资本家来说，最引诱他们的是项目内在的增长潜力。在投资新项目时，政府会获得该项目股权的40%，5年之后，如果项目成功，项目合伙人将获得优先选择权以便宜的价格买下全部股份。这就意味着政府在分担风险的同时，将全部赢利都给了投资者，从投资商的角度来看，这真是罕见的赚钱的好机会啊！

Yozma项目的思路是这样的：政府借钱给你投资，如果失败了，你一分钱也不用还给政府；但是，如果你赚了大笔的钱，只需要把最初的投资再加上每年的利息还给政府。

“这是一个少见的政府项目，并有进入和退出机制。”乔恩·米德维说，“这也正是这个项目成功的关键所在。”

那时候，大部分精于商业的流散的犹太人都未在以色列进行投资。在他们看来，慈善和商业是两种完全独立、界限分明的活动，他们可以不计回报地捐献大笔物资给以色列，但是很少有人愿意对以色列的高科技行业进行投资。

当然也会有例外。

斯坦利·蔡斯（Stanley Chase）是加利福尼亚的一个资本经营者，参与了Yozma项目的第一轮筹资活动。他采取的方式是约见加利福尼亚的犹太富人，如此为Yozma筹集了几百万美元的资金。艾瑞 · 马格利特（Erel Margalit）原先在以色列发展署就职，后开始管理Yozma项目的第一批基金中的一个，他说第一批基金大部分来自那些“心中有个温暖的地方属于耶路撒冷或者以色列”的人。马格利特的第一个机构投资方是法国的保险业巨头GAN，其总裁是一位法籍犹太人，马格利特在一次开往巴黎的飞机上偶然认识了他。

“政府起到了催化剂的作用。”欧利希说。

Yozma 项目的第一个基金是和Discount Israel Corporation以及埃德温特风险投资公司（Advent Venture Partners）合作建立的，前者是一家投资银行，而后者是一家来自波士顿的、刚刚成立的风险投资公司，它的老板是尤西 · 塞拉和埃德 · 姆拉维斯基。埃德同时还是BIRD基金的总监。

埃德温特风险投资公司的一个合伙人克林特 · 哈里斯（Clint Harris）说，在他第一次拜访以色列的时候就感觉到了这里和其他地方的不同。在从机场到特拉维夫宾馆的路上，他坐在出租车的前排座位上。当时司机问他为什么来以色列，哈里斯说他来这里是为了了解一下当地的风险资本行业，这位司机就向他简短地介绍了一下以色列的风险投资行业的现状。

埃德温特公司赞助的基金后被称为以色列双子基金（Gemini Israel Funds），这项基金的第一笔投资，是在1993年的11月向奥奈特数据通信注资100万美元。这笔投资和管理方面的帮助正是奥奈特获得成功所需要的。

因为意识到奥奈特缺乏商业方面的经验，姆拉维斯基和塞拉联手邀请梅尔 · 伯斯汀（Meir Burstin）来担任这家新公司的董事长。伯斯汀在高科技创业领域是一个老手，拥有丰富的经验。他创建并经营了Tekem，这是以色列第一批软件公司之一，之后他还担任了塔迪兰公司（Tadiran）的总裁，这是以色列一家大型的国防科技公司。伯斯汀的到来立刻提升了奥奈特的信誉，同时也给这个公司带来了极其珍贵的商业经验。

埃德·姆拉维斯基说，当"这个公司因为对第一批大额融资的不当使用而濒临倒闭的边缘"时，来自双子基金的尤西·塞拉开始担任公司过渡时期的首席执行官，她每周有4天的时间，每次要两个小时的车程，往返于拉马特沙龙和卡米埃勒之间。

"在6个月的时间里，从双子基金和奥奈特的团队创建到出售公司，再到确保管理团队不会四分五裂，我们一心一意，众志成城——更不用提那些往返于拉马特沙龙和卡米埃勒之间的时间了，现在我都不愿意再去回想，但是我们确实做了。

奥奈特成功的另一个关键因素是：双子基金凭借自己的影响力使华登风险投资（Walden Venture Capital）加入了公司的投资商之列。华登是硅谷的一家公司，它在奥奈特现有的技术领域很有经验，"在两年的时间内返还了原投资金额3倍还多的利润，这成了双子基金的第一个成功实例。"姆拉维斯基说。

1992~1997年，Yozma创建的基金在政府的资助下筹集到了2亿多美元的资金，这些基金在5年之内都被出售或者私有化了。今天，Yozma基金拥有大约30亿美元的资金，为数百家以色列新成立的公司提供资金支持。结果很明显，正如艾瑞·马格利特所说，"风险资本是点燃火焰的火源。"

Yozma基金几个早期投资的公司成功的概率很高，比如ESC专门设计并制造激光之类的光学医疗设备；还有Galileo，一家高端半导体公司；Commontouch，一家企业邮箱和信息供应商；Jacada，一家主要致力于为领先公司的客户服务人员建立在线空间的公司。

受此影响，许多人也开始进入风险资本领域——甚至在没有政府Yozma的支持下。乔恩·米德维刚好错过了Yozma项目的融资机会，在他将自己和父亲创建的公司售出几年之后，才听说有一个叫做Yozma的项目，可以提供500万美元的资金，用于帮助新成立的公司。人们常称这种投资为种子基金，一般来说风险极大，所以Yozma实际上只提供1:1的资金支持，意即投资商必须拿出250万美元的资金才能得到政府250万美元的资助。

米德维和一个随时准备签支票的投资商一起找到依盖尔·欧利希，申请得到政府的资助，遗憾的是太迟了。但是，也并不是完全没有办法，Yozma项目在美国的风险投资领域里引起的轰动足以克服他们对投资于以色列的各种忧虑和担心。“1994年，以色列已经有许多活跃的投资商，我们靠自己找到了250万美元的资金，成立了以色列种子基金，甚至没有得到政府相应的资助。”米德维说。这家公司的基金很快增长至600万美元，1999年达到4 000万美元，2000年又增至2亿美元。

以色列风险投资协会（Israel Venture Association）公布的数据称，以色列现在有45个本国的风险资本基金。埃德·姆拉维斯基说，从1992年至今，以色列共有多达240家风险投资公司，其中既包括国内资本投资的公司，也包括国外资本投资的创业公司。

很快，世界上的其他国家都注意到了Yozma的成功。欧利希接到许多国外政府人员的电话，他们来自日本、韩国、加拿大、爱尔兰、澳大利亚、新西兰、新加坡和俄罗斯，都想来以色列拜会一下Yozma的创始人。

2008年11月，爱尔兰投资5亿欧元建立了“创新基金”，旨在吸引国外风险资本家的加入。“可笑的是，自以色列建国40年以来，爱尔兰一直和这个国家没有外交上的联系，但其实它这样做是复制了犹太国家的做法。”爱尔兰经济学家戴维·麦克威廉斯写道。

同Yozma项目一样，爱尔兰的创新基金也是政府扶持的风险资本基金和私人部门的基金进行合作，并以这种方式来吸引国外的风险资本公司到爱尔兰进行投资。

麦克威廉斯说："这种做法的初衷不仅在于吸引美国的资本和商业技术，还在于要让整个欧洲的企业家都参与进来。当时，欧洲有大量的科学人才储备，但是创业公司的数量却乏善可陈。许多投资者都会问这样一个问题：欧洲的谷歌在哪里？会这么问也是合情合理的。在接下来的10年里，如果在这块土地上诞生了欧洲的谷歌，拥有爱尔兰和欧洲的人才，再加上美国的资本，那会是什么样的呢？简直是天时地利人和。"Yozma项目对以色列的风险资本来说是一个催化剂。以色列的科技繁荣能融入20世纪90年代的科技热潮中，Yozma提供了不可或缺的一环。但是到了2000年，以色列科技领域在同一时间内遭受着来自多方面的冲击：全球科技泡沫的破灭，奥斯陆和平进程实际上演化成了一波恐怖主义袭击，整个国家的经济发展进入低迷期。

不过，以色列的创业公司很快就适应了新的经济状态并开始反弹。在此期间，相对欧洲来说，以色列风险投资占世界风险投资总额的比例增加至原来份额的两倍，从15%增加到了31%。而且，这种增长是在税收和管制的经济环境下实现的，除科技创业公司和国外投资商还享受支持政策外，其他领域都在管制之列。

举例来说，一家科技创业公司可以通过多种途径获得融资，但是要想在传统行业中创办一家公司，就会面临很多融资上的问题，即便只是想获得一笔简单的小额贷款也会有很多麻烦。以色列的资本市场是高度集中的，而且各种限制也很多。对于以色列来说，从源头上阻止某个行业的发展看来是理所应当的事。

***

2001年，塔尔·凯南从哈佛商学院毕业。"我的许多去了华尔街工作的朋友都是犹太人，这让我觉得在以色列可能没有这类行业。谈及投资管理，以色列就更是不沾边了。”凯南说。

原因在于政府的管制。在风险资本领域，“对该行业的管制和税收体制，甚至会让你觉得这简直不是在以色列，这真是非常棒。也正是这样才产生出一个出色的行业，政府基本上不会干预风险资本的任何事情。”凯南发现，“但是你不能在此之外拿着风险资本领域自由行事，哪怕是以多么有意义的形式，你不能对你所管理的任何一笔资金收取任何绩效费，所以你能做的就是忽略整个产业。这是绝对行不通的。”

资产管理行业有一个简单的模式，公司会收取其所管理资产的1%~2%作为统一管理费。但真正的好处是绩效费，一般是投资收益的5%~20%，依据公司的情况而定。

直到2005年1月，政府规定在以色列资产管理公司收取绩效费是非法的。所以理所当然的，资产管理这个行业也就无从谈起了。

改变源自于当时的财政部部长本亚明 · 内塔尼亚胡（Binjamin “Bibi” Netanyahu）。

在以色列前总理阿里埃勒 · 沙龙（Ariel Sharon）的支持下，内塔尼亚胡开始削减税率，降低公职人员的工资，同时取消了4 000个政府工作岗位。同时内塔尼亚胡还在国有金融领域实行了改革，对经济体中仍有政府影响的几大标志性企业进行了私有化改造，比如国家航空公司El Al，以及国家通信公司Bezeq。

“从应对政府在经济中的抑制作用这个意义上来说，内塔尼亚胡不是一个改革者，而是一个革命者。改革是指改变政府的政策，而革命是指改变一个国家的精神状态，我想内塔尼亚胡能改变这个国家的精神状态。”荣 · 德默（Ron Dermer）说，他是以色列4任财政部部长顾问，其中包括内塔尼亚胡。

内塔尼亚胡告诉我们说：“我跟人们说私人经济就像是一个瘦小的人，却要把一个胖子——政府扛在自己的肩上。虽然改革引发了工会组织的全国范围内的罢工，但是我对经济的描述却引起了强烈的共鸣，任何想要在以色列创业的人更会有同感。”随着经济开始摆脱刻板的发展轨道，内塔尼亚胡的改革获得了公众的大力支持。

与此同时，2005年，内塔尼亚胡推出的银行业的一系列改革也开始发挥作用。这一系列改革始于阶段性的公债发行，这些政府债券承诺每年有6%的收益。直到这个时候，以色列人的养老金和人寿保险基金的资产管理人都只会将这些钱投资于以色列的政府债券。这些大的基金“仅仅只要购买那些指定的债券，就可以实现其对受益人的承诺。实际上他们就是这么做的——他们从来不在其他领域进行投资。因为这些债券，以色列的机构投资商根本没动力对任何私有商业进行投资。”在位于第37层的办公室里，柯南俯瞰着特拉维夫市内的地中海，与我们讲了上述这番话。这里是他新创办的投资基金公司的总部所在地。

但是随着许多政府债券趋于成熟，无法进行变革，所以他们在一个月内释放了3亿美元的债券，用得到的资金投资于其他需要的地方。“由此资本市场突然繁荣了起来，当地资本存量足以点燃投资行业的火花。”凯南说，“结果，现在绝大部分国际性的资本管理人在以色列都有自己的业务，无论是在证券还是初生的企业债券市场（这个市场在3年前是不存在的），抑或是在货币市场。”

因为内塔尼亚胡在金融领域的改革，投资管理人收取绩效费变成了合法的事。凯南不会浪费一点点时间，他很快就成立了KCPS——以色列第一家华尔街式的全方位金融资产管理公司，在特拉维夫和纽约都设有分支机构。“当我看到内塔尼亚胡的改革草案时，就已经开始行动了。很明显，这次的改革会使我们这些非高科技的经济获得真正的自由。”

凯南认为以色列当地有大量的人才尚未被启用。“举例来说，你只要想想年轻的以色列人在部队情报部门所获得的经验，便会明白一二。他们大多擅长处理复杂的定量分析问题——运用方程式、模型分析出宏观经济的走向。如果他们想进入高科技行业，会有大把的创业公司争着在他们结束军队服役后，将其纳入麾下。但是，如果他们想从事金融行业，就必须离开这个国家。不过，这种状况现在已经不存在了。想想看，”凯南继续说道，“在伦敦的舰队街（Fleet Street），以色列人在10年的时间里创造了平均每年30%的收益，只是因为在以色列没有他们发挥的空间。现在，从2003年开始，以色列有属于他们的地盘了。”

第四部分

生机勃勃的国度

第十一章　背叛与机遇

以色列高科技的真正缔造者是阿拉伯世界和查尔斯·戴高乐，是他们让我们不得不去发展自己的工业。

——约西·瓦尔迪

在前面我们已经提到，以色列国防军的随机应变和反等级文化伴随着以色列人影响着创业公司，进而在一定程度上塑造了以色列的经济。这种文化与他们在精英军事部门和国防工业学到的科技知识，形成了一个强有力的混合。但是，以色列国防工业的诞生本身就是一件很特殊的事。对于一个如此小的国家来说，能拥有自己本土的“军事–工业联合体”，这是闻所未闻的；追溯起来，它的根源在于亲密盟国突然的、戏剧性的背叛。

想要找出以色列发展的分水岭，最好的切入点可能要从某次冲击说起。先来看一下有着同样经历的美国的情况。在二战后的经济繁荣期间，美国的全球地位突然受到了极大的挑战，前苏联成功发射了第一颗人造地球卫星——“伴侣”号（Sputnik 1），这使得美国相形见绌。对美国人来说，意识到在空间战上要输给苏联是一个很大的震撼。不过现在回想起来，这对美国的经济来说，是个福音。

创新经济学家约翰·高（John Kao）说，“伴侣”号“是一个唤醒的铃声，且美国作出了回应。我们修订了学校的课程表，更加注重科学和数学的教育，我们通过了耗资9亿美元（相当于今天的60亿美元）的《国防教育法案》(National Defense Education Act)，为学校提供奖学金、学生助学贷款以及科研仪器。”美国航空航天局得以成立，“阿波罗”项目开始启动，作为五角大楼一个新的强大的机构，专注于研究和开发民用科技。

就在此10年之后，尼尔·阿姆斯特朗成功登陆月球。“阿波罗”项目和五角大楼在国防方面的投资为新发明的实现提供了条件，这些新的发明最终商业化，并对经济体产生了至关重要的影响。各部门协同研发的努力促生了一些全新的商业领域，主要是航空和通信领域，以及互联网。这些就是美国对“伴侣”号作出回应之后的遗产。

以色列也遭遇过自己的“伴侣”号，那是在美国10年之后。1967年六日战争爆发的前夕，查尔斯·戴高乐为以色列上了宝贵的一课，让他们明白了独立的代价。

戴高乐是法兰西第五共和国的创建人，二战开始后，曾任军方高级官员和政府工作人员，并在1959年至1969年期间任法国总统。以色列独立后，戴高乐促成法国与这个犹太国家建立了同盟关系，和以色列领导之间也有深厚的私人情谊。两国之间的同盟关系包括法国为这个新生的国家提供重要的军事设备和战斗机，他们之间甚至还有一项秘密协议，要合作开发核武器。

像其他小国一样，以色列也比较倾向于花钱从其他国家购买大型武器系统，而不是投入大量的资源自己制造。但是，1950年5月，美国、英国和法国联合发布了《三方声明》，限制向中东地区销售武器。

没有了国外的供应，一些地下工厂开始制造枪支和弹药，以色列的武器工业就这样开始了。有一家工厂几乎完全在地下——一家基布兹洗衣店的下面，这样，洗衣店里一直运转的机器声就能掩盖地下传来的制造武器的噪声了。到1948年，这家靠从美国走私来的战争中余下的设备起家的工厂，每天已经能制造数百挺机枪了。如饥似渴的工厂靠从全球各地走私来的武器充实着自己，戴维·本-古里安曾派使者到国外去收集武器，只要是20世纪30年代之前的都在收集之列。例如，1936年，亚胡达·阿拉兹（Yehuda Arazi）就在一艘从波兰开往海法的蒸汽轮船上塞满了步枪；1948年，他又扮做尼加拉瓜的使者参与了购买5挺法国老式固定机枪的谈判。

以色列转而从其他国家获得武器的做法一直持续到1955年，当时前苏联不顾美、英、法的《三方声明》，通过捷克斯洛伐克向埃及出售了价值2.5亿美元的武器。结果，戴高乐也开始破坏声明，1956年4月，他开始向以色列输送大量现代化的武器装备。这个小国终于有了一个可靠的、一流的武器供应国。

1956年埃及宣布苏伊士运河国有化之后，法以两国的关系愈加亲密。苏伊士运河是法国重要的水路运输渠道，运往欧洲的物资大部分都要经过这里。以色列国防军保证协助法国通过苏伊士运河，而法国作为回报，向以色列提供更多的武器。随着两国合作越来越频繁，法国供应武器的数量也不断递增。戴高乐的情报机构认为以色列提供给法国的帮助，削弱了阿尔及利亚地区反法力量的抵抗活动，而阿尔及利亚是法国重要的殖民据点。1960年，法国承诺在接下来的10年里向以色列供应200 辆AMX 13坦克，72架“神秘”战斗机。

但是1967年6月2日，以色列对埃及和叙利亚发动袭击前3天，戴高乐宣布中断对以色列的武器供应。“法兰西将不再拥护——也不再支持——率先使用核武器的国家。”他对自己的内阁成员说。

比起缓解中东地区的战争而言，戴高乐的这项决定还有更深的意义。

新的环境要求法国要有新的盟国。1967年，法国从阿尔及利亚撤出，面对持久艰难的北非战争，戴高乐此时的重心变成要和阿拉伯世界保持友好关系，支持以色列已经不再符合法国的利益。法国的《新观察家》（*Nouvel Observateur*）周报当时这样报道："戴高乐执掌下的法国没有朋友，只有利益。"

戴高乐的继任者乔治·蓬皮杜（Georges Pompidou）在1969年赢得大选后，继续执行这项新的政策。法国原本承诺给以色列的200辆AMX坦克，现在成了利比亚的囊中之物；更过分的是，法国竟然把以色列已经付款的50架"幻影"战斗机也给了叙利亚——当时以色列最强大的敌人之一。

以色列迅速采取了应对措施。空军创建人阿尔·施维默亲自招募了一位优秀的瑞士工程师，并把"幻影"战斗机引擎的设计图交给了他，这样以色列就能还原并复制法国的战斗机了。与此同时，以色列重新拾起了建国初期走私军火的做法。在1969年一次任务中，5艘以色列的炮艇在法国距离以色列3 000英里的地方，迎着20英尺高的巨浪，运送价值数百万美元的舰艇，这些舰艇在新的封港令之前已经承诺要出售给以色列。1970年《时代》周刊如此绘声绘色地描述当时的场景："从俾斯麦时期算起，如此这般的海上追击也不多见……法国的侦察机、一架来自马耳他的英国皇家空军堪培拉轰炸机、苏联的坦克手、美国第六舰队的雷达阵、摄影记者，甚至还有意大利的渔民，从各个角度追踪着以色列人的踪迹。"

但是，这样的诡计对于残酷的现实毫无助益：恰恰在以色列失去自己最不可或缺的武器和战斗机供应商之时，中东的军事竞赛正在逐步升级。1967年法国的禁止贸易令使以色列的处境更加岌岌可危。

在1967年的战争之前，美国确实已经开始向以色列出售武器系统，最初是在1962年肯尼迪政府期间，美国向以色列提供了数枚霍克式地对空导弹。当时，以色列政府的第一选择是让美国代替法国的位置，成为以色列的主要武器供应国；但是法国的背叛让以色列人产生了戒心，他们一致认为不能再如此依赖国外的武器供应了。以色列政府决定必须尽快自己制造主要的武器系统，比如坦克和战斗机，尽管之前还没有哪个小国能成功实现这个目标。

对独立的向往促成了梅卡瓦（Merkava）坦克的诞生。梅卡瓦坦克1978年首次发布，现在已经进入第四代了。在此动力驱使下，“鹰”战斗机——以色列版的“幻影”也诞生了，然后是“幼狮”战斗机于1973年进行了首次试飞。

不过，最雄心勃勃的工程应该要算是制造狮式战斗机。狮式战斗机是美国和以色列联合出资研制的，发动机由美国制造。狮式的出现不仅是为了取代“幼狮”，更是为了成为世界一流的战斗机。

狮式战斗机进入全面研制阶段是在1982年。1986年的最后一天，第一架狮式战斗机进行了试飞。但是到了1987年的8月，在已经投入了数十亿美元制造5架狮式战斗机后，以色列和美国两国国内日益增加的压力使得该项目被迫取消了。首先是美国国会的反对，然后是以色列内阁12：11的投票反对通过。

许多年后，这个项目的开始及其最后的被迫取消依旧是人们争议的焦点，一些人认为从一开始它就注定了是一场打水漂的雄心，而另一些人则遗憾地认为美以两国错过了一个绝好的机会。《飞行国际杂志》在1991年的沙漠风暴行动期间，有篇文章描述了一位杂志编辑在1989年乘坐狮式战斗机的经历：“现在，联合军队正在海湾作战，但他们却错过了自己真正需要的战斗机。这实在太遗憾了。我乘坐着世界上最好的战斗机却清楚地知道它永远不能发挥作用了。”

虽然这个项目取消了，但是其在军事方面的影响依然很深远。首先，以色列人实现了精神上的飞跃，他们向自己、盟友还有敌人证明了，即使不依赖外力，他们也能制造出国家生存所必需的基础武器——先进的战斗机。其次，1988年以色列成功地发射了人造卫星，从而使以色列成为当时世界上能发射人造卫星的12个国家之一。如果没有狮式战斗机研制期间积累的科技经验，这几乎是不可能实现的目标。第三，虽然狮式战斗机项目取消了，但数十亿美元的投资使得以色列在航天领域的水平上了一个新台阶，从某些方面来说，是它让后来的高科技热潮提前来到了。项目取消后，1 500名工程师突然失去了工作，他们中的一些离开了这个国家，但是大部分都留下来了。这样一来，许多军事方面的工程师开始流入私营企业，大量原本专注于研究飞机的科技人才一下子释放到了经济体中。

约西·格罗斯（Yossi Gross）是一位参与了狮式战斗机项目的工程师。他出生于以色列，母亲从奥辛威茨集中营中幸存下来，大屠杀后从欧洲移民到了以色列。格罗斯在以色列工程技术学院就读期间，攻读的是航天工程专业，毕业后在以色列飞机工业公司工作了7年。

格罗斯在飞机工业公司从事的是飞行测试工程师的工作，最初从设计部门做起。当他有了新的想法时，比如说关于飞机的着陆装置，他的领导会告诉他不要总拿新的想法来打扰他，只要简单地拷贝美国的F-16就行了。“我在一个拥有23 000名员工的大公司工作，在那里你不可能有所创造。”

狮式战斗机项目取消前夕，格罗斯决定离开飞机工业公司；不单如此，他还要离开整个航空航天领域。“在这个领域里，你不可能成为一个企业家。”格罗斯说，“政府主导着这个行业，而且每个项目都很庞大。不过我在这里学到了许多技术上的东西，这在以后对我是很大的帮助。”

令人惊讶的是，这个原本是飞行工程师的约西·格罗斯，后来成立了17家公司，拥有超过300项专利。所以，从某种意义上来说，约西·格罗斯应该感谢法国。查尔斯·戴高乐的初衷肯定不是要三级跳式地启动以色列的科技浪潮，但是是他让以色列人相信，他们不能依靠国外的武器供应。戴高乐的决定对以色列的经济发展作出了重要的贡献。法国对以色列的抵制开始后，大量的自主军事研发工作为那一代的工程师提供了宝贵的经验。不过，单有这一个因素还不足以让以色列成为创业的温室。上述原因加上跨学科研究方法的深入发展，再加上有能力而且愿意去尝试任何事情，且无论对社会规范的撼动有多大——正是这些因素结合在一起才为创业提供了适宜的社会条件。

第十二章　国家使命

如果说多数的空军是法拉利，那么以色列空军就是一辆破旧的吉普车，里面有各种工具……你每天都在越野行驶。法拉利在我们这种环境下肯定要罢工了。

——于瓦尔·多坦

道格·伍德（Doug Wood）刚到以色列不久，本来他是不大可能到这个国家来工作的。伍德沉着镇定、喜欢思考的行为方式，在那些大大咧咧的以色列同事中间显得格外引人注目。他是从好莱坞过来的，到耶路撒冷来做一些以前从未尝试过的事情。伍德是Animation Lab出品的第一部长篇动画电影的导演，Animation Lab是以色列风险投资家艾瑞·马格利特创建的创业公司。

伍德曾在特纳公司、华纳兄弟电影公司和环球电影公司担任过动画创作与制作的副总。当马格利特邀请他到耶路撒冷来制作动画长片时，一开始伍德说他必须先去考察一下，看看耶路撒冷是否真的拥有创造性的团队。在以色列著名的艺术设计学院比撒列（Bezalel）度过一段时间后，伍德确信了这一点。他说："在那里，我见到了全部教员，同一些电视编剧进行了交谈，和电视剧作者梅厄·沙莱夫（Meir Shalev）及其他一些优秀的善于讲故事的人也有过沟通。他们都很优秀，即便不能说比那些世界顶级艺术院校的人才更出色，也至少不会比那些人逊色。"

但是，伍德也发现了一些以色列不同寻常的地方。"这里的人们都有一种多任务的心态。我们已经和许多以色列的技术人员商量好，由他们来提供一些新的方法，改善现有的一些工作方法，以便于我们能更便捷地完成工作。之后有一次，我和比撒列学院毕业的一个艺术系学生在进行创作，这个学生看上去很有范儿——留着长发、带着耳环、穿着短裤和拖鞋。正在这时突然出现了一个技术上的问题，我正打算打电话叫技术工人过来，那个学生却放下手头的绘画工作，开始解决问题，就好像他是一个受过训练的工程师一样。于是，我问他从哪里学到的这些，后来才知道他同时还是以色列空军的一名战斗机飞行员。艺术系学生？战斗机飞行员？在这里就好像所有的东西都碰撞到了一起——或者是结合在了一起——看你怎么看了。"

就像以色列技术人员拥有的其他优点一样，多任务的心态也是源于以色列国防军的培养，这并不奇怪。战斗机飞行员于瓦尔·多坦告诉我们，以色列军队对专业化有着非常明显的排斥感。"如果说多数的空军是法拉利，那么以色列空军就是一辆破旧的吉普车，里面有各种工具。在开放、笔直的公路上，法拉利肯定更胜一筹。"但是，多坦强调说，在以色列国防军里，"你每天都在越野行驶……法拉利在我们这种环境下肯定要罢工了"。

法拉利和吉普车战略的不同不仅仅在于数量，更在于不同的战术和思考模式，这一点从各个空军为每次任务配置的"攻击力量编队"的不同上便可见一斑。在美国，一个攻击编队是一系列的飞机，他们的最终目标就是向目标地区投放炸弹。

美国空军完成一项任务最典型的做法，就是各种专业飞机的4轮攻击波：第一波攻击是战斗巡航机，目的是清除敌机，开辟通道；第二波攻击主要是摧毁敌人能发射导弹的防空设施；第三波攻击由电子战机和坦克组成；最后一波才是轰炸机，装载了炸弹的飞机，由近距离空中支援战机护驾，“确保无任何状况”。多坦解释说。

“这样的攻击几乎势不可挡，同时也非常协调。”多坦如此评价美国空军系统，“这对运筹安排要求非常高，你必须按时让坦克到达正确的位置，它们要和电子机配合，只要有一个家伙耽误了几秒，一切就都搞砸了。以色列空军不可能实现这样的安排，即便它拥有这些资源，那也只不过是一团乱麻罢了。我们的纪律性还不够。”

在以色列军队里，几乎所有的飞机都是全能的。“无论什么任务，只要投入战斗，肯定都要带上空对空导弹。”多坦说，“可能你要到黎巴嫩南部去打击某个目标，几乎不会遇到另一架飞机。如果真的遇到了，空军基地距离那里也只不过两分钟的飞行时间，战友们可以过去支援你。事实上，从来没有哪架飞机未携带空对空导弹就进入敌方领域。”

类似的情况还有，几乎每架以色列空军的飞机都有自己的机载电子作战系统。与美国空军不同的是，在这些飞机上并没有让敌军雷达瘫痪的特殊装置。“你要自己想办法。也许不是每次都有效，但却非常灵活。”最后，一个典型的以色列攻击力量编队，其中90%的飞机都携带有炸弹，它们都分配有自己的打击目标，而美国的攻击力量编队只有最后一波轰炸机装载有炸弹。

在以色列，每个飞行员不仅要了解自己的目标，还要清楚其他人的攻击目标。“比如，如果一架飞机遭到了袭击，两架飞机分开来或去营救被击落的飞行员，或者加入到空对空的战斗中……那么另外的飞行员就必须将这些飞机的任务接过来。这是你应该做的，事实上，这是很正常的事。大约有一半时候你执行的任务原本是安排给别人的……”

以色列和美国体制的不同在两国举行联合演习时体现得更加明显。在一次军事演习中，多坦惊讶地发现美军飞行员都有一张“跳舞卡”，用图表列出每个飞行员在飞行过程中分配的动作。“我们看到那个之后就说，这是什么鬼东西啊？有多少次你能猜到别人要做什么？”对于多坦这个现在正在经营一家金融管理公司的人来说，美式体系就好像“金融市场上交易日的一句谚语：‘无论市场如何，我都买进。’”

实际上，道格·伍德很快就发现，在以色列，工作上的头衔意味并不大。“在好莱坞的工作室，一般你会说需要一个‘放映师’，需要一个‘制作协调人’或者需要一个‘场景设计师’；但是在以色列，要给某人的工作定个头衔是很武断的做法。事实上，在某些方面他们都是可交替的，每个人做的工作也不止是一样事情。

“举例来说，有一个家伙在电脑图像生成团队工作，但他同时也做人物的3D黏土模型。当时我们正在做一个片断，制作出来有30秒钟，这个人为我们的这个片断的结尾处提供了一句很有意思的台词，而且我确实很喜欢这句台词，以至于我重新编写了脚本，把那条有趣的台词加了进去。所以说，这个做电脑图像生成的家伙穿越了学科的壁垒，闯进了造模和编剧领域。”

或许，表达这种交叉含义的一个词是“混搭”。这个词本身一直也在经历着快速的变化，被不断赋予新的含义。比如，提到把两首歌合二为一时，提到一个网站从其他网站获取数据时，HousingMaps.com便是这样一个例子。该网站是Craig’s List与Google Maps的混搭，Housingmaps.com从Craig’s List上取得待售或待租的房屋、公寓和房间信息，然后将其显示在一张谷歌地图上。不过在我们看来，更厉害的混搭是来自于截然不同的技术和学科的结合的创新。

在以色列，混搭现象最普遍的要数医疗设备和生物科技领域。在这些行业，你会发现隧道工程师和医生们一起研发出某种信用卡大小的设备，淘汰了注射器。或者，你会发现一个公司既研究β细胞、光纤，也研究黄石国家公园的海藻，同时还有治疗糖尿病用的可植入人体的人工胰脏。还有一家创业公司，专门制造一种药剂，能从人体的小肠中发射出图像，这种药剂采用的光学技术来自于导弹前锥体。

加布里埃尔·伊旦过去曾是以色列国防军最重要的武器开发商Rafael的导弹工程师，专门研制尖端光电元件；有了这些元件，导弹才能“看到”自己的目标。火箭似乎不太可能成为人们寻找医疗技术的第一个领域，但是伊旦却有一个新奇的想法：他要把导弹中最新的微型化技术用于开发一种药片大小的照相机，可以从人体内部将拍摄的影像传输出来。

许多人警告伊旦，要把照相机、发射器、拍摄所需要的光和能量同时塞进一个人类可吞咽下去的药片中，是不可能的事。但是伊旦坚持自己的想法，终于有一天，他从超市买回一只鸡，用它来测试新研制的产品能否从动物的体内将图片传输出来。结果，正是基于这些药片照相机——或称胶囊照相机，伊旦创办了一家公司，取名为基文影像（Given Imaging）。

2001年，基文影像成为“9·11”恐怖袭击事件后第一家在华尔街上市的公司。2004年，基文影像成立6年之后，已经售出10万个胶囊照相机；2007年年初，胶囊照相机的销售量突破50万大关；截至2007年年底，销售量大约为70万。

现在，最新一代的无痛胶囊照相机可以从病人胃肠道的深处，以每秒输出18张照片的速度连续工作几个小时。医生可以实时看到拍摄的图像，无论是在同一个房间，还是在地球的另一端。胶囊照相机的市场很广阔，吸引了许多大厂商加入竞争：照相机业巨头奥林巴斯现在正在研发自己的药剂照相机，其他一些公司也纷纷进入这片市场试水。这并不奇怪，要知道，仅仅是在美国，仅胃肠道疾病一项就意味着超过3 000万次的出诊量。

基文影像的故事不仅仅是一个技术转移的故事，告诉我们一项技术如何从军用转为民用；也不仅仅是要向我们讲述从大型国防科技公司中如何走出了一位企业家。更重要的是，它是科技混搭的典范，不仅把两个完全分离的领域——导弹和医学领域结合了起来，还整合了一大批科技成果，包括光学、电子学、电池、无线数据传输以及帮助医生进行分析的软件，这种形式的混搭是科技创新的圣杯。事实上，特拉维夫大学最近公布的一项研究显示，以色列所获得的专利最引人注目的地方在于，它所涉及的专利的数量和种类是最多的。

Compugen公司就是这样一个将军事领域和医学领域联系起来的混搭公司，它的创始人总裁埃利 · 明茨（Eli Mintz）、首席技术官西蒙 · 费格勒（Simchon Faigler）和软件主管埃米尔 · 纳坦（Amir Natan）都来参加过以色列国防军的精英项目Talpiot。在Compugen 还有一位Talpiot同事利奥尔 · 马扬（Lior Ma'ayan），他告诉我们这家公司中共有60位数学家，其中25位是通过他们在部队的关系网进入公司的。

在以色列国防军服役期间，明茨的工作主要是设计算法，对大量的情报数据进行筛选，找出有价值的信息，这些信息是以色列成功搜索到恐怖分子网络的决定性因素。明茨的妻子是一位遗传学家，曾跟他说过他们在筛选大量的遗传数据时面临的问题；明茨听过之后，觉得也许他有更好的办法解决这个问题。

明茨和他的搭档们打算彻底改变基因测序过程。1994年，公司成立一年之后，默克公司（Merck）购买了Compugen的第一个顺序分析仪，很久之后人类基因图谱才被成功解析出来。但是，这仅仅只是个开始。2005年，Compugen改变了业务模式，开始进军药物开发和研究领域，该领域所用到的技术完全不同于制药工业。

Compugen跨越数学、生物、计算机科学以及有机化学等学科，开始引领被称做是“预言性的”药物研究领域的历程。不同的是，Compugen不主张通过测试成千上万种化合物，寄希望于其中有几种是“有效的”方法。它的策略是从基因开始，分析基因如何通过合成蛋白来表达自己，以此为基础进行药物研发。

Compugen公司的研究方法，使人想起了艾瑞·马格利特集合了技术专家和艺术家的实验室，它最主要的不同寻常之处就在于将“干”(理论的)和“湿”(生物学的)的实验室结合了起来。Compugen的技术副总埃伦·阿米特（Alon Amit）说：“想象一下，你的合作伙伴是位于海外或国内另一个地方的大型制药公司，那么来回的旅途奔波肯定是不可避免的。如果能将生物学家和数学家集中在一个楼层讨论测试的内容、如何测试，然后明确模型，那效率肯定会提高很多。”

虽然以色列最大的公司——Teva属于制药行业，Compugen及许多新的以色列公司也属于制药行业，但是在以色列拥有创业公司最多的却当属医疗设备领域，其中许多公司经营与药物运输有关的业务。这一块业务看起来非常适合以色列人的多学科思维模式，而且也迎合了他们缺乏耐心的特点——要知道，药物研发是需要很长时间的。

另外一个混搭的例子是Aespironics公司。该公司开发了一种吸入器，大小和形状与信用卡类似，里面有一个以呼吸为动力的风力涡轮机。现在市场上的许多吸入器的问题是太复杂了，制造成本又非常昂贵，必须找到一种持续有效的方法使药物可以摆脱它的载体——一般是一个线圈。而且，在吸入过程中还必须完美地把握好病人的呼吸时间，以便使药物在病人的肺里能得到最好的吸收。

看起来，Aespironics公司几乎是一次性就将这些问题全部解决了。在这张“信用卡”里有一张风扇形的推进器，以病人从卡的边缘开始吸入时产生的空气流为动力，推进器开始运转后，就会碰撞到携带了药物的线圈，药物因此脱离线圈按照预定的方式进入空气流。因为推进器只在使用者吸入氧气的时候才会工作，所以药物会随着推进器自动进入病人的肺部。

把这些作用集于一体需要掌握多种工程技能，除了吸入器方面的专家外，Aespironics公司的团队中还有燃气轮机和喷气发动机设计师丹·阿德勒（Dan Adler），他是以色列工程技术学院和美国海军进修学院的教授，也是通用动力、普惠发动机公司和麦当纳–道格拉斯公司的顾问。

把导弹和药剂、喷气机和吸入器联系到一起看起来已经够让人瞠目结舌的了，但是真正的混搭冠军——约西·格罗斯——我们在第十一章中已经认识的一个人物，还不止于此。格罗斯生于以色列，毕业于以色列工程技术学院航天工程专业。他在以色列飞机工业公司工作了7年，之后开始尝试自己创业。

Pitango投资公司的鲁蒂·阿龙（Ruti Alon）认为正是因为多学科的知识背景才造就了格罗斯的成功，他投资了格罗斯17家创业公司中的6家。“他接受过航空工程和电子学方面的培训，对物理学、气流及血流动力学也颇有研究，这些对于研发可植入人体的设备是很有帮助的。”而且，阿龙一边笑一边提醒我们说：“他对医学也相当有研究。”

格罗斯的许多公司所从事的业务都是这样，完全超乎人们的想象：把几种截然不同的科技结合到一起，有时候简直就像是在上演科幻大片。例如，Beta-O_2公司一直在努力研发一种可植入人体的“生物反应器”，取代糖尿病患者体内已经不能正常工作的胰腺。糖尿病是因为病人混乱的生活使得β细胞不能再生产胰岛素，移植新的β细胞可以解决这个问题。但是人体会产生排斥反应，而如果没有氧气供应，β细胞是不能存活的。

格罗斯的解决办法是在人体内创造一个独立的、自给自足的微型环境，其中包含有能够产生氧气的藻类物质，这种物质是从黄石国家公园的喷泉中发现的。因为藻类物质需要依靠光来生存，利用这个原理，可以将这类物质中的导光纤维光源移植到起搏器大小的器件中。β 细胞消耗氧气产生二氧化碳，而藻类物质正好相反，如此一来就形成了一个自给自足的微型生态系统。将生物反应器植入皮肤的整个过程只需要15分钟，在门诊室即可完成，每年更换一次。

把地热类海藻、纤维光学以及 β 细胞整合到一起，用来治疗糖尿病，这就是典型的格罗斯式的多种科技研究方法。格罗斯的另外一家创业公司TransPharma公司，将无线电射频脉冲通过皮肤创建的临时微通道和先前研发的第一块粉末贴剂这两项创新结合在了一起。

"这是一种很小的仪器，"格罗斯说，"大小和手机差不多。首先将这种仪器轻轻置于皮肤上一秒钟，使其产生射频，使细胞消融，几秒钟后数百条皮肤微通道便可形成。随后，可将粉末贴剂放在皮肤表面。注意这不是一般的贴剂，大多数的贴剂上都有凝胶或者黏合剂，而我们的是印制药物贴剂，因此贴剂是干的。当我们把贴剂放在皮肤上时，从微通道中缓慢释放的间隙流体会将贴剂上冻干的药物粉末带入皮肤中。"

格罗斯说这种仪器解决了给药途径方面最棘手的一个问题：如何通过非注射手段，将蛋白质这样的大分子物质通过皮肤表层输送到人体内。第一批产品将会用于向人体输入荷尔蒙或者治疗骨质疏松的药物，而贴剂主要用于输入胰岛素及其他药物、荷尔蒙和大分子。目前，这些药物大部分都是通过注射给药的。

以色列人对技术混搭的爱好远非好奇所至；这是一种文化的印记，就是以色列富有创新性的核心所在。这是多学科背景的产物，正是以色列人常常将军事技能与民事应用结合起来所获得的。但是，这也是一种思考方式，想出了极富创造性的办法，并使得新产业以及技术方面"破坏性"的进步成为可能。这是一种自由思考的方式，在自由度不大或文化层面更严肃的社会之中是难以想象的。

第十三章　酋长的困境

该地区的未来将取决于我们如何教导我们的年轻人走出去自主创业。

——法迪·甘豪尔

单从艾瑞·马格利特的成长背景来看，你很难想到他以后会从事风险资本方面的工作。马格利特出生在基布兹，1982年作为一名以色列国防军士兵参与了黎巴嫩战争；他在耶路撒冷的希伯来大学学的是数学和哲学专业，之后又攻读了哥伦比亚大学的哲学博士学位。马格利特的论文是关于历史上的领袖的个人特征，他把这些领袖看做是“企业家型的领导”，他们对自己的民族甚至文明都产生过深远的影响。（在这些领袖当中，马格利特以温斯顿·丘吉尔和戴维·本-古里安为例进行了阐述。）

一路走来，艾瑞·马格利特开始为1965年到1993年间担任耶路撒冷市市长的泰迪·寇勒（Teddy Kollek）工作。就在1993年，寇勒在市长选举中落败前不久，马格利特曾向他提到过关于鼓励创业的一些想法。那时候和现在的情况差不多，这些想法的目的也是要阻止年轻人离开本地，以色列生气勃勃的商业中心特拉维夫“掳走”了很多本地的人才。因为寇勒的下台，马格利特决定靠自己来实现这个计划，只不过这次是在私营企业。他打电话给自己新成立的风险资本基金JVP（Jerusalem Venture Partners），这是由Yozma项目种子基金资助下成立的一家公司。

自从1994年JVP成立以来，马格利特已经筹集了数亿美元的资金，资金主要来自法国电信公司、德国的英飞凌科技公司、路透社、波音公司、哥伦比亚大学、麻省理工学院、新加坡政府等。马格利特资助的公司有几十家，其中有许多已经成了上市公司或者被国际性的大企业收购，大都赢利颇丰。JVP支持的公司有PowerDsine、Fundtech和Jacada，这几家公司现在都在纳斯达克证券交易所公开上市交易。不过其中最成功的一家要数光纤网络公司Chromatis Networks，已经以45亿美元的价格出售给了朗讯科技公司。

2007年，在《福布斯》评出的“全球最优秀风险投资家”排行榜上，马格利特位列第69名，是前100名中的3个以色列人之一，其他几乎都是美国人。

不过马格利特对以色列的贡献远不止于在商业领域。为了开启耶路撒冷的艺术复兴之门，他将大量的私人财富还有作为企业家的实践经验都投入艺术领域。马格利特创办了一家耶路撒冷的表演艺术工作室Maabada，是探究科技和艺术之间的联系的先驱，为艺术家和技术人员提供一个并肩工作的平台，这在世界上任何其他地方都未曾有过。

马格利特曾经利用一间废弃的仓库建造了一个非营利性的剧院，现在他又将剧院隔壁的一家印刷厂改造成了一家迅速发展的动画公司。这就是Animation Lab的总部所在地，Animation Lab的目标是要和皮克斯动画工作室以及其他出品大型动画电影的公司一决高下。

耶路撒冷看上去也许是世界上最不可能建立世界一流的电影工作室的地方。这里是犹太教、基督教、伊斯兰教三大宗教的中心。在人们的印象中，古老的城市耶路撒冷和好莱坞这样的地方完全不同。虽然最近以色列的电影也在国际电影节中频频亮相，但是电影制片不是以色列人的专长。让事情更复杂的是，以色列即便是有艺术中心也是在世俗的特拉维夫，而不是耶路撒冷。人们知道耶路撒冷，更多的是因为它是圣地、旅游地还有政府所在地。但是按照马格利特的想法，创建公司、工作机会、产业发展还有所有创新的做法都是为耶路撒冷量身打造的。

这种文化上的投入对于经济集群的成功是很关键的，以色列的高科技产业便是一个例子。哈佛商学院教授迈克尔·波特（Michael Porter）说，集群是经济发展的一种独特的模式，指在某一特定地域中，大量相互关联的组织在空间上集聚，比如企业、政府机构、大学等。集群会为其所在地区带来指数级的增长，因为从某种意义上来说，集群中的每个主体都相互存在于彼此创造的商业效应里。

比如，波特说，北加利福尼亚的“葡萄酒酿造业集群”就是一个例子，这里集中了数百家葡萄酒酿酒企业以及数千家独立的葡萄种植园，这里有专门的葡萄存储企业，有灌溉、收获设备制造商，有木桶生产商、酒瓶标签设计商，更有专门的酒业广告公司以及专门的出版机构。加州大学戴维斯分校也在这片区域之中，学校的葡萄栽培学和葡萄酒工艺学闻名世界，加州葡萄酒协会也在附近，加利福尼亚州的立法机构设有专门处理酿酒工业相关事务的委员会。类似的集群在其他地区也有，比如，意大利的时尚产业集群、波士顿的生物科技产业集群、好莱坞的电影娱乐业集群、纽约的华尔街产业集群以及北加利福尼亚州的科技产业集群。

波特认为，一群人聚集在一起，做着同样的工作，谈论着同样的话题，这会使企业更贴近员工和供应商，也更容易获得专业的信息。集群不仅仅存在于工作场所，它还会渗透到人们的日常生活中。咖啡店里的闲聊，接孩子的路上，还有教堂里，处处都会有集群的痕迹，社区关系和工作关系相互融通。

就像波特说的，“社会胶”将一个集群联系在一起，同时也使关键信息的获得更加便利。集群必须围绕“人际关系，面对面的接触，共同利益感和‘内部’关系”而建，这听起来有点像约西 · 瓦尔迪描述的：在以色列，“大家都彼此认识，社会的透明度很高”。

马格利特会说，以色列正好有这类集群所需的环境，而且这种情况是很少有的。但是，“创造”集群的努力并不都会如此成功。以迪拜为例，谁是迪拜的艾瑞 · 马格利特呢？浮现在人们脑海的就是穆罕默德 · 格伽维（Mohammed Gergawi）。他是迪拜控股（Dubai Holding）的董事长兼首席执行官，这是一家归迪拜统治者（同时也是阿拉伯联合酋长国的首相和国防部长）谢赫 · 穆罕默德 · 本 · 拉希德 · 阿勒马克图姆（Sheikh Mohammed bin Rashid Al Maktoum）所有的公司，也是迪拜最大的公司。谢赫 · 穆罕默德实际上就是“迪拜公司”的主席，位居政府高位，领导着几个公司，是迪拜发展的核心动力。可以说，迪拜的公共财政几乎和谢赫的私人财产无异。

格伽维开始为人所关注是在迪拜的议会上，普通的老百姓在这里可以见到至高无上的统治者，权且可以将此理解为是阿拉伯世界的市政会议，只不过互动性差了很多。拜访期间，谢赫 · 穆罕默德指着格伽维说：“我认识你，你前途无量啊。”

后来才知道，当时只是政府部门中级官员的格伽维，在几个月以前就被谢赫 · 穆罕默德的“神秘买家”相中了，这些“神秘买家”的任务就是为国家寻找有潜力的商业领袖。议会后不久，格伽维开始平步青云，接管了谢赫三大公司中的一个。迪拜政府中的另外一些人告诉我们，格伽维之所以被选中，是因为统治者认为他是一个能干的技术人才——他能够执行得非常出色，但却不会挑战统治者的想法。

迪拜的经济很大程度上要依赖于政府的保护，这使得当地的公民都很消极（实际上，迪拜140万居民中仅有15%是阿联酋公民）。和新加坡一样，迪拜也是个非常强调秩序的国家，在这里不允许你以任何方式对政府表达抗议或者不满——即便是和平的方式。迪拜首批人权组织的众多创建者都在政府任职，他们的前途还要仰仗谢赫 · 穆罕默德的提携。

按照宪法的规定，自由言论权是“受保护”的，但是这不包括对政府的批评，以及任何攻击伊斯兰的行为。说到政府的透明度，尤其是和经济相关的领域，只能说整个趋势都是错误的。一项新出台的媒体法规定：污蔑阿联酋名声和批判经济发展状况的行为是违法的，最高可处以100万迪拉姆（相当于27万美元）的罚款。此外，政府还有一个被禁止的网站黑名单，负责执行该项工作的是互联网国家审查委员会（用户自己不能直接拨号连接到此类网站，只能通过由国家通信垄断商控制的代理服务器连接到网站）。按照阿拉伯联盟对以色列的政策，无论是游客还是当地居民都不能通过固定电话或者手机拨打以色列的电话号码，因为972这个国家代码被封锁了。

最近，谢赫 · 穆罕默德宣布他25岁的儿子谢赫 · 哈姆丹（Sheikh Hamdan）将会成为迪拜的新王储，而新王储的弟弟和哥哥作为他的两个副手在政府任职。但是对比一下，艾瑞 · 马格利特根本没有机会在政府中担任要职，也没有机会参加竞选。这个国家中有20多万和格伽维一样的阿联酋公民，这就是留给他们的有限的空间。如果你有能力，要么在政府当一个小职员，要么在谢赫的公司中做一个领导。

不过，迪拜的商业是对外开放的，这主要是因为几个世纪以来，迪拜一直是个古老的贸易中心，从珍珠到纺织品都可以在这里进行交易。20世纪初期，为了吸引伊朗和印度的商人，谢赫 · 穆罕默德的曾祖父将他的城邦变成了一个免税的港口。

20世纪70年代，谢赫 · 穆罕默德的父亲拉希德（Rashid）下令启动迪拜湾疏浚工程，在位于迪拜市西南部35公里处的杰贝阿里港建造世界上最大的人工港口。1979年，杰贝阿里港成为中东地区最大的港口，与中国的长城、胡佛水坝并列成为所谓能从太空中看到的三大人工建筑。杰贝阿里港现在是世界第三大转口贸易中心（仅次于香港和新加坡）。

对于拉希德来说，之所以要大力发展自由贸易，是因为明白迪拜今日赖以存在的经济发展泉源最终将会枯竭。迪拜的石油和天然气资源仅占邻国阿布扎比的0.5%，若与沙特阿拉伯比起来，这个数字会更小；据推算，这些能源也许仅够迪拜维持到2010年。拉希德说过一段很有名的话："我的爷爷骑骆驼，我的爸爸骑骆驼，我开一辆梅赛德斯，我的儿子开一辆路虎，我的孙子也会拥有一辆路虎，但是我的玄孙将只能骑骆驼。"

除了世界一流的港口外，拉希德还建立了中东地区第一个自由贸易区，允许国外投资者将全部资本和利润汇出境外，区内工厂不必寻找当地合伙人或担保人，所有公司和企业可以百分之百地拥有自己的资本。按照阿联酋和许多阿拉伯国家的规定，所有企业必须由一家阿联酋国有企业控制，而在自由贸易区注册的企业可以不受此条件的约束。

现在以谢赫 · 穆罕默德为首的皇室家族的下一代，在自由贸易区的路上又前进了一步——根据不同的行业，设立不同的商业园区，最早的一个便是迪拜网络城（Dubai Internet City，DIC），这个商业园区的设计得到了安达信公司和麦肯锡咨询公司的大力帮助。

迪拜网络城为那些在中东地区、印度次大陆、非洲和前苏联有业务的科技公司提供了一个完美的商业环境，这些地区的人口加起来有18亿之多，国内生产总值总额为16 000亿美元。很快，包括微软、甲骨文、惠普、IBM、康柏、戴尔、西门子、佳能、Logica和索尼爱立信在内的180家公司都在园区注册设立了分支机构。

从某种意义上来说，迪拜网络城是一次巨大的成功：截至2006年，世界500强公司中有1/4都在迪拜设立了分公司。为了推广这次成功的经验，迪拜正在建立的还有迪拜保健城（Dubai Health Care City）、迪拜生物科技园（Dubai Biotechnology and Research Park）、迪拜工业城（Dubai Industrial City）、迪拜知识村（Dubai Knowledge Village）、迪拜电影城（Dubai Studio City）和迪拜媒体城（Dubai Media City）（路透社、CNN、索尼、贝塔斯曼、CNBC、MBC、阿拉伯电台网络及其他媒体公司在这里都设有大型分支机构）。

迪拜网络城的市场总监瓦迪·艾哈迈德（Wadi Ahmed）是一个拥有阿拉伯血统的英国人，他说："我们把哈佛大学教授迈克尔·波特的集群理论变成了现实，如果你能把同一链条上的所有公司都聚集在一起……机会就会出现。这就是真实生活的网络，把系统集成商和软件开发人员联系到一起。我们的服务创新和信息与通信技术（ICT）集群在两千米的范围内汇聚了600家公司……这和硅谷有相似之处，但是那是一个区域，而不是一个独立管理的实体。"

的确，迪拜在一段时间内保持了很高的增长率，并在很短的时间内使自己成为全球重要的商业中心；但是在创业公司的数量，或者所吸引的风险资本方面，迪拜和以色列依然不可同日而语，更不用提在新发明和专利方面的对比了。那么，是什么造成了以色列和迪拜之间如此大的差别呢？

以迪拜网络城为例，我们深入探讨一下，答案自然就会浮出水面。在迪拜网络城，你不会看到任何研发中心或者以创新为主的公司。迪拜的大门向全世界的创新公司敞开着，而且许多公司也的确在此驻扎，但是它们来这里的目的是为了将创新成果传播到这个区域市场，而这些创新是在别的国家或地区实现的。因此，在迪拜没有产生任何繁荣的创新集群，有的只是大型的、成功的服务中心。谢赫·穆罕默德经过精挑细选相中了穆罕

默德 · 格伽维，让他来协助创造迪拜的经济奇迹，他的任务是管理并让这个自由贸易区持续增长，但不一定能够促进创新的事业。

在以色列，情况就完全不同了。马格利特是成千上万连续创业者中的一个，没有人发现他，他自己发现了自己。他的成功之处就在于成立创新公司，引入全球的风险投资并不断寻找新产品、新市场的科技生态系统。虽然在以色列，促进此进程的实体基础设施建设可能不及迪拜，但是事实证明，对于孕育创新来说，文化基础才是更肥沃的土壤。

对于创建一个集群来说，通过提供低投入的行商机会吸引新成员加入或许非常有效，但若要维持一个集群，恐怕这种方式就行不通了。如果这是你的集群的唯一竞争优势，别的国家总会以更为低投入的方式超过你。若要使一个集群实现可持续的增长，需要一些更重要的定性因素，比如，真正密切联系在一起的团体，团体的成员在集群中生活、工作、养家。最关键的是，一个集群同甘共苦的意识是很难制造出来的，这远比日复一日的商业竞争重要。

从这种意义上来说，迪拜所面临的障碍有其更深层次的渊源。外国人——无论是欧洲人、海湾商人还是从南亚或阿拉伯来的临时工，去那里是为了赚钱，只是短暂的停留；一旦他们达到了目的，他们就会回到祖国或者去寻找下一次机会。他们和迪拜只是一种交易关系，他们不是紧密联系在一起的团体的一部分，他们不会共同努力打下基础然后有所创新。他们用本国的标准来评估自己的地位和成就，而不是以迪拜的标准，他们的情感所依和归属感在别处。我们认为，这才是阻挡集群充分发挥作用的最根本的障碍，也很可能也是培养一个企业家型创新经济体的最大障碍。

***

2000 年全球科技市场崩溃后，瓦尔迪从一片废墟中将以色列的互联网领域重建了起来，谷歌创始人谢尔盖·布林在谈及瓦尔迪时说：“如果说在以色列有互联网泡沫，那么约西·瓦尔迪就是这个泡沫。”后来，对于世界人民来说，瓦尔迪几乎成了互联网领域创业的代名词。现在，大多数人知道他是因为ICQ，这种互联网“聊天”软件。ICQ的发明者是4个20多岁的犹太年轻人，其中一人是他的儿子阿瑞克·瓦尔迪。Opus Capital的艾萨克·艾波堡（Isaac Applbaum）对ICQ有极高的评价，他认为ICQ作为世界上最流行的聊天软件，是可以与美国网景、谷歌、苹果、微软和英特尔公司齐名的“永久地改变科技”的少数几个公司之一。

1996年11月，随着瓦尔迪种子基金的注入，ICQ正式进入市场。这是全球第一款即时通信软件，几乎是在同一时间，美国在线（AOL）也发明了自己的聊天软件，取名AIM（Instant Messenger），但是最初只有交费的用户才能获得这种软件的使用权。

ICQ软件的传播速度要远远快于AIM。截至1997年6月，距离ICQ发布大约半年之后，其用户已经超过100万（当时只有22%的美国家庭拥有互联网）；6个月之后，ICQ的用户升至500万；10个月后，用户数量激增至2 000万；截至1999年年底，ICQ的注册用户为5 000万，成为世界上用户量最大的在线服务。同时ICQ也以2.3亿次的下载次数，成为CNET.com历史上下载次数最多的软件。

回溯到1998年年中，当时ICQ的用户人数达到了1 200万，AOL以4.07亿美元的价格收购了ICQ，这个价格创下了以色列科技公司售价的新高。

虽然当时以色列的高科技热潮已经如火如荼地开始了，ICQ的高售价还是引起了全国人民的关注。这激励着许多以色列人加入创业的热潮，实现成为企业家的梦想，毕竟，ICQ的发明者只是几个年轻的小伙子。说到以色列人对各种成功事迹的普遍反应，下面这句话或许可以让你了解一二：“如果这些家伙能做到，我肯定可以做得更好。”除此之外，ICQ的售价几乎成了整个国家的骄傲，就好像在世界科技奥林匹克上赢了一枚金牌似的，当地媒体用头条新闻高调宣称以色列已经成为一个“互联网超级大国”。

瓦尔迪投资于互联网创业公司，是因为他相信这些公司能赢利。但是，在别人都纷纷改行投入“以色列人”的老本行如通信和安全领域，或者新生的热门领域如清洁科技和生物科技的时候，他依然执著于互联网，这似乎已经不能用利润来解释了。真正的原因在于，首先，以色列是他的集群，他明白自己是这个群体的一部分，他希望这个群体获得成功。正是因为这种责任感，他意识到自己有义务帮助这个群体渡过这次难关。瓦尔迪的投资既有个人的原因也有国家的原因，我们权且称之为“逐利的爱国主义”，随后，这让人们刮目相看。

一个世纪前的1907年大恐慌期间，著名银行家J · P · 摩根几乎是靠一人之力就稳定了美国的经济，那时候还没有联邦储备系统。美国纽约大学的商业史学家罗恩 · 切尔诺（Ron Chernow）说：“摩根不仅贡献了自己的资金，还组织整个金融行业的人参与到拯救经济的努力中来。”

2008年的金融危机袭来时，沃伦 · 巴菲特似乎也扮演了类似的角色。他在两周的时间里，斥资80亿美元买进高盛公司和通用电气的股票，伴随着恐慌的加深，巴菲特明白，他如此大规模的投资会向市场释放一种信号：他，作为美国最受人尊敬的投资者，不再等待股票继续下跌，他相信美国的经济不会崩溃。

当然，瓦尔迪的投资没有如此大的规模，但是即使是这样，也不影响他对以色列创业公司产生的影响。是他的坚持使得互联网行业即使遭遇寒潮也能维持生机，当所有人都从这个领域撤走的时候，瓦尔迪的存在和坚定为这个行业的转机带来了希望。

2008年，一个影响力很大的网站TechCrunch，评选出了全球51家最有前途的创业公司，其中7家是以色列公司，多数是约西 · 瓦尔迪投资建立的。TechCrunch的创建人迈克尔·阿灵顿（Michael Arrington）大力支持瓦尔迪，他说："你们（以色列）应该在特拉维夫为约西·瓦尔迪建一座雕像。"博友罗伯特·斯科博（Robert Scoble）也高度赞赏以色列的高科技氛围，在走访了一趟这个国家不久之后，他说过："它（以色列）是这个世界上唯一让我感觉仿佛置身硅谷的地方。（……）在参观中国或印度的时候，每个人都告诉我：'我想去微软或者谷歌工作。'但是在以色列，每个人都告诉我：'我想开一家自己的公司。'"

管理大师詹姆斯·柯林斯在他的畅销书《基业长青》中分析了很多能够维持长久成功的企业，指出这些企业有一个共同点，那就是拥有一个基本上用一两句话便可表述清楚的核心目标。柯林斯写道："核心目标是一个组织存在的最根本的理由，它反映了人们对于公司工作的重视度……除了仅仅是赚钱之外。"他在书中列举了15个公司的核心目标作为例子，其中包括沃尔玛、麦肯锡、迪士尼和索尼，有一个例子比较特殊，那就是以色列。柯林斯说以色列的核心目标是"为犹太人提供一个安全的地方"。建设以色列经济，加入属于以色列的集群，把以色列推向这个世界上最辽阔的地方，这些在一定程度上造就了以色列的"营利性爱国主义"。正如历史学家芭芭拉·塔奇曼（Barbara Tuchman）在以色列的科技热潮到来之前所说："虽说以色列也有自己的问题，但是有一个优点却是起统领作用的：使命感。以色列人或许并不富裕……也没有安静的生活，但是他们所拥有的是富裕足以扼杀的：动力。"

动力的缺失正是好几个海湾阿拉伯国家合作委员会成员国（Gulf Cooperation Countries，GCC）所面临的问题，这些国家包括阿拉伯联合酋长国、沙特阿拉伯、巴林、科威特、卡塔尔和阿曼。在作为阿拉伯联合酋长国之一的迪拜的例子中，我们看到有一点很重要，那就是大部分来到这里的企业家都是受利润的驱动，而不是发自内心的想要在迪拜建设一个紧密联系的群体。波特教授的集群理论告诉我们，仅有利润的驱动只能为一个国家的经济带来短暂的繁荣，当经济状况欠佳或者国家的安全受到威胁时，就像我们在迪拜看到的，人们不会在这里安家，不会在这里维护集群，只会在第一时间撤走。

在海湾阿拉伯国家合作委员会的其他国家，问题不尽相同。比如，在沙特阿拉伯，公民有群体感，也有共同的动力，我们已经知道沙特阿拉伯这个既年轻又古老国家，他们以本国的经济以及现代化的基础设施为荣。对于许多沙特阿拉伯人来说，本民族的血统可以追溯到几个世纪以前，他们认为把自己的国家建设成为世界一流的经济体是整个民族的事，同时这也是整个国家的荣誉。

但是这样的经济体也面临两个挑战：追逐利润的动机以及对基本自由的诸多限制。

阿拉伯世界的许多商人及政府官员已经开始将注意力集中在激励高增长型企业家经济体上了，而且他们也一直在默默地钻研以色列的成功经验。“要不然我们怎能在接下来10年的时间里创造出8 000万个工作岗位呢？”伊亚德 · 阿拉维说。伊亚德 · 阿拉维是约旦一位成功的企业家，他的业务遍及整个国家。在踏访阿拉伯国家的整个过程中，8 000万这个数字一直萦绕在我们的耳际。

所有的阿拉伯经济体，包括北非地区（埃及、阿尔及利亚、摩洛哥和突尼斯）、中东地区（黎巴嫩、叙利亚、巴勒斯坦和约旦）以及波斯湾地区（沙特阿拉伯、阿拉伯联合酋长国、卡塔尔、巴林、科威特和阿曼），有近2.25亿的人口，占世界人口的3%。2007年阿拉伯经济体的国内生产总值为1.3万亿美元，几乎是中国国内生产总值的2/5。不过，这里的财富分配差距很大：有些石油大国人口虽少却很富裕（比如卡塔尔，人口只有100万，人均国内生产总值为73 100美元），有些石油小国却人满为患（比如埃及，拥有7 700万人口，但是人均国内生产总值却只有1 700美元）。在筹划本地区的发展战略和政策良方时，对各个地区区别对待是很重要的，因为虽然同是阿拉伯世界的经济体，但它们却有不同的特性、大小，所拥有的自然资源也不尽相同。

但是无论这个国家的大小、结构或者历史如何，对于阿拉伯世界来说，发展经济很大的挑战是该地区的“人口定时炸弹”——25岁以下的人口占总人口的70%左右。要想解决这些人的就业问题，就必须在2020年之前创造出8 000万个新的工作岗位，就像阿拉维告诉我们的那样。要达到这个目标就意味着要以美国在20世纪90年代经济繁荣期间工作增长率两倍的速度创造新的就业岗位。“公共部门不可能提供这么多的就业岗位，大型公司也不可能产生这么多的就业岗位，”约旦的成功企业家法迪·甘豪尔说，“该地区的未来将取决于我们如何教导我们的年轻人走出去自主创业。”

自主创业在阿拉伯世界的经济中其实只发挥了很小的作用。举例来说，相对而言，阿拉伯联合酋长国是该地区最有活力的“创业”型经济体，但是实际上仅有不到4%的成年人在新成立的或者小规模的公司工作。那么，究竟是什么阻挡了阿拉伯国家成为“创业的国度”呢？石油、对人们政治自由的限制、妇女的社会地位以及教育的质量都在阻挡因素之列。

这个地区大多数的经济活动都是靠生产和提炼石油来驱动的，除石油之外，也有一些大型的跨国公司，比如阿联酋的阿联酋航空公司（Emirates Airlines），埃及的奥斯康电信（Orascom Telecom），还有约旦的中东专线（Aramex）——一家物流服务供应商（奥斯康和中东专线都是精明能干的企业家创建的）。家族所有的服务业也是个亮点，在埃及这样的国家，纺织业和农业发展得也很好。但是，迄今为止，石油工业依然是最大的一部分，阿拉伯地区生产了全世界1/3的石油和15%的天然气。

过去，阿拉伯波斯湾地区曾经历过数次石油的兴盛，为当地经济的发展带来了很多的机会，但是这种增长模式和21世纪的增长模式是不同的。先前石油工业的增长与现在的不同之处在于，很大程度上都是源自于石油价格的增长，20世纪70年代期间，由于地缘政治危机的存在，石油价格暴涨至原来的9倍还多。第一次地缘政治危机的时间是从1972年到1974年，起因于阿拉伯世界的石油禁运，第二次危机是从1978年至1981年，起因于伊朗革命，后又有两伊战争早期的推波助澜。

区别在于过去石油财富的产生多半都是需求驱动的结果，对石油的结构性需求看上去一直在不断地增长，最明显的例子就是新兴的经济强国——中国和印度。从1998年开始，中印两国对石油的需求在短短不到10年的时间里增长了1/3，所以，无论石油价格的波动多大，对石油的需求也只不过是经历一场全球范围内的转变而已。

但也正是这种石油经济使得高增长型的创业活动无法在阿拉伯世界站稳脚跟。政府把销售石油得来的财富慷慨地分给了平民大众，使他们从政治和经济改革的压力中获得了解脱。在社会精英人士看来，有些改革势在必行，不然将会威胁到整个国家，比如：自我表达权、对新事物的宽容以及获得基本经济数据和政府信息的渠道，这对于创业和投资文化的繁荣是必需的。

我们说企业家精神能够促进经济增长和社会进步，是指它会鼓励价值、创新精神及成就而不会鼓励地位，这也正是让海湾国家的政府感受到威胁的地方，也就是历史学家塞缪尔·亨廷顿（Samuel Huntington）曾经说过的“国王的困境”。几乎所有现代社会中的君王最终都要努力去寻求经济现代化和政治自由化之间的平衡点，后者常常会威胁到君王的权力。在阿拉伯世界里，《迪拜：成功的脆弱》（*Dubai: The Vulnerability of Success*）一书的作者克里斯·戴维森（Chris Davidson）将这种情况称为“酋长的困境”。

从来没人试图组织某种形式的自由选举。2006年的一次阿拉伯联合酋长国的选举中，民众的投票率很低，之后一位政府要员评论说："……这太令人失望了，所有候选人和参与人的家庭背景都很强大，甚至都经过了阿拉伯联合酋长国统治者的亲自核准。"

许多海湾地区的阿拉伯政府将石油财富投入建设现代化的硬件基础设施上，想以此来缓解经济增长的需求和人们对自由的渴求之间的压力。20世纪70年代的石油工业增长所带来的财富，并未被当地经济所吸收，而是用在了从西方世界的进口、海外投资以及军事武器上，实际上该地区的经济丝毫没有受益。但是从2002年开始，新的石油增长所带来的巨额财富6 500多亿美元就全部用在了对海湾地区的投资上。

像迪拜的集群战略和许多海湾阿拉伯国家一样，该地区内大部分的石油收入都投入到了房地产开发领域。GCC的房地产行业是全世界增长最快的，预计2000~2010年，本地区将会新增1 635万平方米可出租面积，主要是新的写字楼、大型商场、宾馆、工业设施以及住房和公寓，新增房地产主要集中在沙特阿拉伯和阿拉伯联合酋长国，平均年增长率为20%（中国可出租面积的平均年增长率为15%）。

和其他国家的遭遇相同，阿拉伯世界的房地产泡沫也破裂了。从2009年年初开始，迪拜的住宅和商用房价值骤降了30%，而且下降的趋势还在持续。为了避免不能按时偿还房贷带来的牢狱之灾，私房房主开始丢弃自己的房屋，逃到国外。大量的在建项目被搁置。

事实证明，无论是石油、房地产还是集群，都未能为阿拉伯世界带来高增长型的创业型经济模式。

***

伴随着"人口定时炸弹"的滴答声，海湾地区的石油国开始建设学术研究集群。对于任何一个科技集群来说，优秀教育机构的聚集都是最重要的一个因素。硅谷的开始源于两名斯坦福大学的工科硕士：威廉·休利特（William Hewlett）和戴维·帕卡德（David Packard），他们于1939年在帕洛阿尔托（Palo Alto）附近的一个车库里，用538美元联手创建了惠普公司，指导他们的是一位斯坦福大学的前教授。

大学对于研发工作很重要，而研发对于专利和创新来说又是必不可少的（现在阿拉伯世界的研发投入占国内生产总值总额的1%不到），意识到这一点之后，沙特阿拉伯开始着手建立阿卜杜拉国王科技大学（King Abdullah University of Science and Technology），为20 000名教师、员工和学生提供一个开展研究的场所。该大学将会是沙特阿拉伯第一所男女同班的学校。卡塔尔和阿拉伯联合酋长国还和西方知名的教育机构建立了合作关系，卡塔尔的教育城有多所名校的卫星学校，其中包括康乃尔医学院（Weill Cornell Medical College）、卡耐基·梅隆大学（Carnegie Mellon University）的计算机科学和商业管理学院、乔治城大学（Georgetown University）的国际关系学院、西北大学（Northwestern University）的新闻学专业。阿拉伯联合酋长国之一的阿布达比酋长国在国内设立了纽约大学的卫星学校。其初衷是，如果阿拉伯世界能吸引世界各地最具创新能力的研究人员和思想家到这里工作，那么肯定会对发展当地的创新文化有所帮助。

但是迄今为止还没有哪所大学在这方面作出过巨大贡献。它们没从其他国家找到一批可靠、稳定的学术和研究人才愿意在此扎根，愿意长期服务于阿拉伯国家。“对于海湾地区来说，这些大学带来的更多的是教育的品牌，而不是智慧。”克里斯·戴维森说，“它们更关注国家声望的建设，而不是真正的创新。”

在以色列，一流的大学甚至在国家还没独立前就已经存在了。从根本上说，正是闻名全球的化学家查姆·魏兹曼（Chaim Weizmann）教授发明了一种独特的制备丙酮的方法，从而开创了生物科技领域。1918年7月24日，在耶路撒冷的希伯来大学开幕典礼上，魏兹曼有一段很独特的话："乍看起来，这有些矛盾：在一片人口如此稀少的土地上，百废待兴，连耕地的犁、道路和港口这样最简单的设施都还很缺乏，可是我们应该开始做的却是发展一个精神和才智的中心。"

希伯来大学的第一届理事会成员包括：以色列第一任总统魏兹曼、阿尔伯特·爱因斯坦、西格蒙德·弗洛伊德和马丁·布伯。1925年，以色列的"麻省理工学院"——以色列工程技术学院建校。随后在1934年，魏兹曼科学研究所（Weizmann Institute of Science）成立。1956年，今天以色列最大的学校特拉维夫大学（Tel Aviv University）成立。20世纪50年代晚期，以色列的人口只有200万左右，可是已经有4所世界级的大学。其他名校如巴尔伊兰大学（Bar-Ilan University）、海法大学（University of Haifa）、本-古里安大学（Ben-Gurion University of the Negev）也先后分别于1955年、1963年和1969年成立。

今天，以色列有8所大学、27所专科学校，其中有4所位于全球150所顶级大学之列，有7所位于亚太地区100所顶级大学之列。这些大学中没有一个是国外大学的卫星学校。以色列的研究机构也是世界最早将学术成果商业化的。

1959年，魏兹曼科学研究所成立了耶达（Yeda，在希伯来语中意为"知识"），以使研究成果市场化。自此，Yeda孕育了数千种成功的医疗科技产品和众多公司。2001~2004年，这家机构的版税收入就有10亿谢克尔（约合2亿多美元）。到2006年，Yeda在世界学术机构中，高居版税收入的榜首。

耶达公司成立之后几年，希伯来大学也成立了自己的技术商业化公司：伊素姆公司——伊素姆的希伯来语意为"实现"，该公司拥有保护、推广希伯来大学的知识产权以及使其商业化的专有权利（及义务）。伊萨姆公司现在注册有5 500项专利和1 600项发明，基于这些专利和发明的产品平均每年能为伊萨姆公司带来超过10亿美元的销售收入。在2007年的各项发明中，有2/3属于生命科学技术领域的，1/10是农业领域的相关产品，另外还有1/10是计算机科学和工程领域的相关产品。这些产品大多出售给诸如强生、英特尔、雀巢、朗讯科技等跨国公司。最近，在全球生物科技专利排行中，伊素姆公司位列第12名，位于10所美国大学和1所英国大学之后（特拉维夫大学排名第21位）。

就像我们已经了解的一样，以色列是一个移民国家，它的经济的增长一直依赖于一波又一波的移民，今天的以色列工程师和科学家在人口中所占的比例比其他任何国家都高，人均科学论文的数量是每10 000人就有109篇。在这个国家，新来的犹太人，或者他们的家庭成员（即使是非犹太人），很容易就能得到定居权和公民身份，并享受到福利。

在海湾地区，政府允许的居住签证最长只有3年，即使是对同是穆斯林或阿拉伯人的同胞来说，时间也不会再长。因为东道国对居民身份的时间限制，那些从世界其他地方网罗过来的研究人员不会愿意在这个地方重新安置自己的家庭，或者把自己事业的赌注压在这里的研究机构上。虽然有些海湾地区的阿拉伯国家已经考虑5~10年的居住签证，但是还没有一个政府最终将其授给外来人口。

为数不多的来到阿拉伯国家的研究人才很快就意识到，当地政府并不想让他们介入核心的领域。戴维森认为只要法律不改变，国外的人才就不可能到这里定居，但是因为政府强烈的阿拉伯民族主义和主权民族主义倾向，使得法律改变起来很难。举例来说，如果一个阿拉伯妇女和国外的男人结婚，那么她就必须放弃当地的公民身份，他们的孩子也不允许拥有阿拉伯联合酋长国的护照，以及享受政府的任何福利。

对于海湾地区之外的阿拉伯国家来说，要培育高增长型的创业型文化，还有一个很大的挑战，那就是他们从小学、中学一直到大学的教育模式：死记硬背。据埃及教育部顾问哈森·贝拉维（Hassan Bealaway）说，学生们学到的更多的是制度、标准和顺从，而不是体验式教育；是典型的哥伦比亚模式，而非阿波罗模式。

在阿拉伯国家，几十年来衡量教育成功的标准一直是投入而不是产出，对标准化的重视更加巩固了这种教育政策。麦肯锡波斯湾办事处的一项研究表明，阿拉伯政府痴迷于教师的数量，和对“硬件”基础设施——学校和计算机的大量投资，希望借此能改善学生们的表现。但是最近的国际数学和科学学习趋势调查排行显示，在45个国家中，沙特阿拉伯的排名为第43位（甚至落后于排名第42位的博茨瓦纳）。

海湾合作委员会（GCC）成员国学生和老师的平均比例为12∶1，虽属世界最低水平之一，但仍优于经济与发展组织（OECD）成员国的平均比例17∶1；遗憾的是，这一优势却无切实的积极意义，从国际范围来看，学生和老师的比例低与学生的出色表现之间的关系不大。相比起来，老师的能力和素质则显得尤为重要。但是，大部分阿拉伯国家的教育部门都不会去衡量老师的素质，他们认为用标准化的方法衡量投入来得更容易些。

注重老师的数量对于阿拉伯国家的男孩来说，更是弊大于利。阿拉伯国家的许多政府学校是按性别办学的：男孩由男老师来教，女孩由女老师来教。因为老师这个职业历来就是男性从业者比较少，所以对于男孩来说，老师的数量就比较有限。结果，男校常常不得不招聘一些能力较低的教师，因为可供挑选的人才实在是太少了。正因为如此，在学生成绩上的性别差异是全世界最大的。

最后，对于发展高增长型的企业家经济模式来说，一个更大的限制因素也许要算是女性的地位了。哈佛大学的戴维·兰德斯（David Landes）

著有《国富国穷》(*The Wealth and Poverty of Nations*)一书，他认为观察一个经济体的增长潜力，最好的参数就是公民的法定权利和女性的社会地位。兰德斯在书中写道："拒绝女性，就相当于拒绝了劳动力和人才……而且会削弱男孩和男人追求成功的动力。"他认为特权意识是斗志和雄心最大的敌人，每个社会都有精英，其中有一些出生于上流社会的家庭，这些人有很强的特权意识，认为自己高人一等的想法根深蒂固。兰德斯说，正是这些降低了他们"学习和做事的必要性"。这种扭曲的意识使一个经济体失去了自身的竞争性，同时这也是女性没有经济地位的结果。

以色列以及众多阿拉伯国家的经济体是集群经济理论鲜活的实验室，更广泛地说，是这些民族促进或抑制创新的实验室。两种模式的对比表明了关于集群的一种简单的观念——一系列的机构能够有机地整合在一起，这就形成了一个硅谷——是有误的。另外，似乎以色列作为一个国家的投资，即塔奇曼所谓的"动机"，是有助于激励企业家创业并进行冒险的必要黏合剂。

第十四章　经济奇迹面临的威胁

驱动这台机器前进所用到的气缸却越来越少。

——丹·本-戴维

以色列的经济还处在起步阶段，现在看来貌似很繁荣的创业场景出现的时间和互联网经济存在的时间大致相当，都是在10年以前。以色列科技热潮的开始不仅和全球信息科技大潮的时间十分吻合，和美国的科技股泡沫、以色列风险资本行业的异军突起、前苏联的大规模移民以及1993年为和平和稳定带来希望的奥斯陆和平协议的时间也大致相当。如果以色列的经济奇迹仅仅只是建立在罕见偶然因素的聚合效应上，那么如果少了有利的环境因素，奇迹会不会消失呢？即使不能说以色列的新经济是偶然事件的产物，可是对于以色列更长远的经济繁荣来说，真正的威胁是什么呢？

2000年科技股泡沫破灭，2001年奥斯陆和平进程崩溃，之后就是出现在以色列城市地区的自杀性爆炸事件。这些恶劣的情况几乎摧毁了当地的旅游业，同时也使得经济衰退的可能性加大。此外，到了20世纪90年代末，曾经占到这个国家犹太人口1/5的、从前苏联来的大规模的移民资源已经耗尽。

影响经济发展的积极因素仅持续了几年，之后便是一系列来势汹汹且几乎是同时发生的消极事件。然而，这些看似灾难性的事件并未终止仅持续了5年的繁荣局面。1996~2000年，以色列的科技出口额从55亿美元增至130亿美元，翻了一番还多；即便是在全球科技泡沫破灭的时候，以色列的科技出口额也只是略有下降。2002年和2003年，其科技出口额接近110亿美元，之后在2008年，这个数字又激增至181亿美元。换句话说，以色列的科技引擎几乎未受到2000~2004年科技泡沫破灭的冲击。以色列的经济不仅成功实现了复苏，其2008年的出口额甚至还超出2000年科技热潮期间的水平，增长了40%左右。

风险资本基金领域是一幅类似的场景。2000年风险资本泡沫破灭，投资于以色列的风险资本急剧下降。在接下来的3年里，尽管以色列经济受的压力骤增，全球风险资本总量中的以色列市场份额却从15%增长至30%。

但是，在当前这次全球经济衰退的浪潮里，估计以色列就不大容易明哲保身了。这次经济衰退不同于2000年，不再仅仅局限于全球科技和风险资本基金领域，全球银行体系正受到剧烈的冲击。

事实上，全球金融危机几乎触及到了每个国家的银行系统，只有两个国家是例外：加拿大和以色列。这两个国家中没有一家银行倒闭。自从20世纪80年代初以色列爆发恶性通货膨胀和银行危机（1985年时最为严重）以来，在以色列、美国政府以及国际货币基金组织三方的联手干预下，金融系统的管制一直很严格。以色列的金融机构一直奉行保守的贷款政策，杠杆利率为5：1。比较起来，在危机之前，美国的杠杆利率为26：1，欧洲银行的杠杆利率更是惊人的61：1。在以色列没有次级贷款，次级抵押贷款市场一直就不存在。在以色列如果非要说有什么的话，那就是资金的缺乏——甚至在危机来临之前，这促使更多的人进入科技领域，因为在这里税收和管制会少一点，可获得风险资本的可能性也大一点。

正如以色列金融分析师伊坦·阿维里尔（Eytan Avriel）所说："以色列的银行是马拉车，而美国的银行是赛车。赛车已经撞得粉碎，马拉车却还慢慢悠悠地行进在途中。"

这对以色列来说是个好消息。但是，虽然以色列经济不存在不良贷款，其过多地借助风险资本的力量却也让人不无担忧，金融危机的到来会使风险资本的供应减少。风险资本公司的资金大部分来自于机构投资者，例如养老基金、捐赠基金以及主权财富基金。机构投资者一般会为称做备选投资的风险资本、私人股本和对冲基金设置一个基本的投资比例，通常占总证券投资组合的3%~5%。由于全球金融市场的崩溃，上市股权（股票市场）的美元价值急剧缩水，造成备选投资的资金来源在绝对数额上骤减。整个蛋糕变小了，风险资本投资基金的资金来源也必然少了很多。

对于以色列的经济来说，风险资本减少就意味着"创新资本"的减少。成千上万名科技工人失去了工作，许多科技公司为了避免进一步裁员，已经开始实行每周四天工作制，还有一些创业公司因为缺乏进一步的资金支持而被迫关闭。

以色列除了对国际风险资本过度依赖外，对出口市场的依赖度也非常大。以色列国内生产总值的一半以上来自于对欧洲、北美和亚洲的出口，当这些地区的经济发展放缓或者崩溃时，以色列创业公司的客户就会减少。因为阿拉伯国家的抵制，以色列很难进入当地的市场，而且想把以色列本国的市场作为代替品也完全不可能。因为这个国家实在是太小了。

以色列的公司也发现了要想找到别的出路变得困难，像基文影像在纳斯达克首次公开募股，贝宝收购Fraud Science这类事件，通过这些方法以色列的企业家和投资者从中获益。但是，全球经济衰退同时意味着认购首次公开募股的股票和有收购倾向的投资者会减少。

此外，地区安全形势的持续恶化也会威胁到以色列的经济发展。在2006年以及2008年和2009年的交替之际，以色列与伊朗训练和支持的两大组织发生多次交火。但是，以色列的企业已经能够做到无论安全形势多么恶劣，它们都能如期兑现对客户和投资者的承诺，所以这些战争对以色列经济的影响很小。但让人担忧的是，以色列所应对的下一次攻击可能会和它以往所经历的任何一次都不同。

正像国际机构及新闻媒体报道的那样，伊朗正致力于开发核武器。一旦伊朗政府确立了核武器的规划，很可能就会在阿拉伯世界掀起一场核武器军备竞赛，这会让外国投资者对该地区退避三舍。

或许是因为以色列在过去的岁月里已经为自己的经济注射了安全威胁免疫针，或许是因为核武器的威胁太沉重了以至于没必要去担忧，让经济学家丹·本-戴维一直牵肠挂肚的反而是另外一件事情——以色列大学的"人才外流"。

毋庸置疑，以色列是国际学术界的翘楚。《科学家》(*The Scientist*)杂志2008年的一项全球调查显示，以色列的魏兹曼研究所和耶路撒冷希伯来大学荣膺全球除美国以外"最适合工作的学术机构"的榜首。

丹·本-戴维向我们展示了一项调查结果。该调查由两位法国学者发起，对除美国之外的国家进行排名，排名的依据是1971年至2000年在知名经济期刊发表论文的数量。拥有伦敦经济学院、牛津和剑桥的英国位列第二，德国学者人均发表论文的数目还不到英国的一半，以色列位居榜首。"不是多了5%或者10%，而是他们的7倍——我们自己的大学联盟。"本-戴维自豪地对我们说，"正如以色列的经济学家非常优秀，以色列的计算机科学家在该领域也是首屈一指。最近，我们获得了两个诺贝尔经济学奖，此外还有一两个诺贝尔化学奖。"

尽管有这些成就摆在眼前，本-戴维还是很担心。他告诉我们，以色列的学术领导地位在最近几年已经有所削弱，而且随着一批老教员的退休，以及后起之秀都移居到了国外，这种形势将会更加恶化。就他自己所在的领域——经济学来说，有一项研究通过将1990~2000年发表的学术论文被引用次数作为衡量标准，评选出全球最优秀的1 000名经济学家，其中有25名以色列人，但实际上其中仅有13人是在以色列国内的。自这项研究公布后，现在只有4名经济学家全部的时间都在以色列，那些2000年在国外工作的12位经济学家，在这几年中没有一人回国。算起来，以色列大约一共有3 000名终身教授现居国外的大学任职。

本-戴维是上述仍留在以色列的4个最优秀的经济学家之一，他一直努力让人们意识到经济持续增长面临的威胁。他指出，从1973年开始，以色列的人均国内生产总值增长率为1.8%，而7国集团国家的平均增长率为2.1%，这个差距就意味着如果以色列的人均收入增长80%，那么7国集团国家的人均收入将会增长两倍。

2005~2008年，实际上以色列的经济增长速度比大部分发达国家的经济增长速度都快。但是，近几年来经济不景气，本-戴维说："我们一直在做的就是回到长期发展的轨道上来。我们不是在未知的领域，而是在一个我们永远都不应该衰退的领域。"

本-戴维说，问题是当科技领域大踏步地向前，生产力越来越强时，经济的其他方面并未能跟上它的步伐。"就好像一个引擎，所有的气缸都配备完整，所有的人力也都已经投入，但是驱动这台机器前进所用到的气缸却越来越少。"换句话说，科技行业资助了这个国家的其他领域，而其他领域在"现代经济"中未能找到合适的工具，也未获得良好的环境条件。

我们认为，这种未充分利用带给我们的经济参与度低，将会是以色列经济持续增长的最大威胁。在以色列，只有一半多一点的劳动力有效参与劳动生产，而在美国这个比例是65%。以色列的劳动力市场进入率低主要体现在两个少数派群体：哈勒定（极端正统派犹太教徒）和以色列的阿拉伯人。

如果以主流的以色列犹太人（25~60岁）为度量标准，就业率分别是男性84%，女性75%，而阿拉伯人和哈勒定的就业情况简直让人目瞪口呆：79%的以色列阿拉伯人妇女和73%的哈勒定男性没有工作。

哈勒定一般不会到军队服役。事实上，为了获得军队服役的豁免权，哈勒定必须证明他们正在犹太神学院进行全职学习。这种安排源于戴维·本-古里安，最初是为了在以色列建国时期获得哈勒定的政治支持。遗憾的是，当时第一批“犹太神学院豁免权”仅授予了400名学生，而现在为了不去军队服役而去犹太神学院的人已经激增至上万人。

这个结果给这个国家带来三重危害：第一，因为缺乏军队的经历，哈勒定与劳动力市场隔绝；第二，如果他们要获得军队的豁免权，就必须正处在学习中，如此一来他们也就丧失了工作的机会，结果是他们既没有私人部门的工作经验，也没有军队（企业家）的经验；第三，哈勒定社会越来越依赖于政府为生存而设的福利项目。

以色列阿拉伯人经济参与度受到关注，有两个主要的原因。第一，以色列阿拉伯人和哈勒定一样，不用到军队服役，所以自然也就不会拥有以色列国防军中士兵的企业家精神和随机应变的技巧。第二，以色列阿拉伯人不会去拓展自己的商务网，而年轻的以色列犹太人在军队服役期间就学会要这样做了。这种差别加剧了犹太人和阿拉伯人之间长期存在的文化差异。

每年都会有数千名阿拉伯人的学生从以色列科技和工程院校毕业，但是，据犹太-阿拉伯经济发展中心的领导——希尔米·基塔尼（Helmi Kittani）和哈诺·马玛瑞（Hanoch Marmari）说，“只有一小部分能凭着自己的学习背景和能力找到工作。……以色列的阿拉伯人的学生们需要具备一种起决定作用的资源，而这是政府不能提供的：在合适的地方的朋友关系圈。”因为私人关系网的缺失，以色列犹太人对阿拉伯人的不信任感就更容易占据主导地位。

另外一个问题是以色列阿拉伯人抵制妇女参加工作的观念。由以色列阿拉伯人组织——“妇女反抗暴力”（Women against Violence）组织2008年的一项调查显示，当地阿拉伯人的观念也许正在缓慢发生变化，但是传统的观念依然根深蒂固。在一项调查中，甚至连声称“反对旧观念”的参与者都认为“阿拉伯社会还是男权当道，男人是理所当然的决策者。而女人的地位很低，思想上也要服从于男性……一个男人如果不以这种大家都接受的观念对待自己的配偶，那么他的社会地位将会受到威胁。”

尽管存在这些自相矛盾的悖论，“妇女反抗暴力”组织的主席阿伊达·托玛–苏莱曼（Aida Toma-Suleiman）告诉我们，她觉得男人对待配偶的观念已经改变，包括愿意让妇女出去工作。“有一些阿拉伯男性不满意现在的权力关系，希望能改善两性之间的这种差异。他们认为这是自己的权力，也是别人的权力。”

但是因为哈勒定和阿拉伯人群的高出生率，从另一角度讲，提高这些地区劳动力的参与度的努力就是和人口增长的时间表进行激烈的比赛。据以色列官方最权威的“以色列2028”报告的内容显示，2007年哈勒定和阿拉伯人占以色列总人口的29%，到2028年这一数字将攀升至39%。如果在此期间就业模式不发生巨大的变化，这种改变将使劳动力参与率进一步降低。“现存的趋势很明显是和我们想要的结果背道而驰的。”该报告作出这样的警告声明。

在竞选总理时，内塔尼亚胡说他最核心的一项工作，就是要把以色列变成全球十大经济体之一。还有一个独立的智囊团——Reut研究所也在为同样的目标努力，他们称之为“以色列15”。Reut创始时的主席吉第·格林斯坦曾是首相埃胡德 · 巴拉克的顾问。巴拉克在政坛上曾是内塔尼亚胡的竞争对手。但是格林斯坦同意内塔尼亚胡对以色列的定位：这个国家的目标不应该仅仅是赶上那些发达国家，而是要跻身于人均国内生产总值世界前15名之列。

正如格林斯坦所述："这种挑战不是奢求，而是必须做的事。"至少，以色列应该在10年之内，人均国内生产总值每年增长4个百分点。现在，以色列生活水平和发达国家之间的差距是危险的，格林斯坦说："我们的企业化程度达到了世界最高的水平，我们的人才既有知识也有能力，但是他们的生活水平和享受的公共服务的质量却很低。对许多人来说，只有移居国外才能改善这种状况。"

这种情况可能要稍微有所好转了，那些移居国外的以色列人最近开始回国，其中部分是因为新规定的对海归人才在国外收入的10年免税期。当然，收入之外的一些因素也成为他们"生活质量"决策的依据。

以色列能够、也必须加快经济发展的速度，这种观点起着至关重要的作用。在以色列面临的所有威胁和挑战中，认为自己没能力保持经济的增长或许是最可怕的一个，因为要克服政治上的障碍，还要去关注那些被忽略的问题。以色列拥有罕见的、或许是独一无二的文化和制度基础，能产生创新和企业家精神；它所缺乏的是能够进一步扩大，并将这种资产在以色列整个社会进行延展的政策基础。庆幸的是，改变政策要比改变文化容易得多，这在如新加坡这样的国家已经得到验证。《纽约时报》的托马斯 · 弗里德曼（Thomas Friedman）说："我宁可面对以色列的问题——主要是财政、管理以及基础设施方面的——而不要面对新加坡的问题，因为新加坡的问题就是文化束缚。"

结语　高科技的耕耘者

最谨慎的方式就是放胆一试。

——西蒙 · 佩雷斯

某个下午，在总统府邸的会客室等待的时候，我们一点也不确定能和西蒙 · 佩雷斯总统谈多长时间。他已经85岁，是以色列开国元勋中唯一仍然身居要职的一位。从25岁开始，佩雷斯就和戴维 · 本-古里安一起开始了自己的政治生涯，之后他几乎担任过所有的政府部长职位，其中包括两届任期的总理；除此之外，他还获得过一次诺贝尔和平奖。

在外国人的眼里，佩雷斯是最值得尊敬的以色列人之一；但在国内，大家对他的看法却褒贬不一。佩雷斯被大多数人所熟知，是因为他是1993年奥斯陆协议的缔造者之一。白宫草坪上，伊扎克 · 拉宾、比尔 · 克林顿和亚西尔 · 阿拉法特的那次历史性的握手让人们以为和平近在咫尺，然而对以色列人来说那只是虚幻的希望、恐怖主义和战争的象征而已。

佩雷斯对以色列外交政策的影响是不言而喻的。但是，这并不是我们此次前来拜访他的目的所在。除了外交家以外，他还是一名非常特别的连续创业家，这一点虽鲜为人知，但其重要性丝毫不亚于他在外交方面的影响。佩雷斯是好几个行业的创始人，尽管他从未在商界落脚。事实上，佩雷斯告诉我们说，他和本-古里安几乎对经济学一窍不通，但是他在职期间所作的努力其实就是在创业。

早在以色列建国前，佩雷斯在集体式的农业社区——基布兹长大。基布兹的创新之处不仅在于其社会和经济结构，还在于其生存方式。“农业方面的变革比工业方面要大得多。”当我们最后进到佩雷斯的办公室，看到矗立在眼前的一排排书架和那些让人想起本-古里安和世界其他领导人的物件时，佩雷斯直截了当地把答案告诉了我们。

“在25年的时间里，以色列的农业产量提高了17倍，这是一个惊人的成绩。”或许人们并未意识到，其实真正的农业“95%靠科学，5%靠耕种”，佩雷斯说。

佩雷斯觉得科技无处不在，而且他的这种意识要远远领先于大部分以色列人，这也可能正是本-古里安大力支持佩雷斯的原因之一。这个“老头”被科技的魅力深深地吸引着，佩雷斯对我们说。“本-古里安认为未来是属于科学的。在军队，他常常说，仅仅做到今天最先进是不够的，还要做到即使到了明天，也是最先进的。”佩雷斯回忆道。

所以本-古里安和佩雷斯成了大家眼里的科技二人组。1951年，在飞越北极圈上空时，佩雷斯和美国“暴徒”阿尔·施维默开始筹划要在以色列建立航空工业；但是真正置身于以色列时，他们的想法却遭到了众人的反对。“我们甚至连自行车都造不出来。”几个部长对佩雷斯说。当时在以色列，新兴的自行车行业正经历挫折，大量的难民不断地涌入国家，基本的食品等物资仍处于定量供给。但是因为有本-古里安的支持，佩雷斯最终获胜了。

后来，佩雷斯发展核工业的想法也遭到了类似的反对。这个想法看起来过于野心勃勃，甚至连以色列核领域的科学家都这么认为。当时的财政部部长认为以色列应该专注于做纺织品出口，他对佩雷斯说："你能来找我太好了，我保证你不会得到一分钱。"所以，再一次，本-古里安和佩雷斯置各种规则于不顾，想尽办法为这个项目在预算之外筹集资金。佩雷斯绕过那些科学家，转而找到理工科技学院的学生，把他们送到法国去接受培训，之后再回国发展自己的核工业。

迪莫纳的核反应堆就是这些努力的成果。这个核基地从20世纪60年代初开始运行，其间未发生过任何灾难性事件，据说正是迪莫纳使以色列成为一个核能强国。2005年，以色列成为世界第十大核能专利生产国。

佩雷斯并未满足于此。在任国防部副部长期间，他把大量资金投入到国防研发当中，因为在他们看来，长期短缺的武器、培训和人力资源才是更值得关注的。这对军事领导力而言并无值得称道之处，当然这也是可以理解的。

今天，以色列的研发支出在国内生产总值中所占的比例居于世界领先地位，这不仅是对国家安全至关重要的科技优势的来源，也是民用科技领域——经济发展的主要动力的发展源泉。对于这一切来说，最关键的就是创业型的国家建设方式。这正是佩雷斯所作努力的具体体现，企业家精神已经融入这个国家的国家精神之中。

这种转变并不容易，事先并未预见到或者说是在计划之外。如果可以计划的话，以色列人希望它能来得更早一些。在建国初期的高增长时期和当下的高科技年代之间，以色列曾经历了低增长和恶性通货膨胀并存的"失落的10年"。但是现在，改变终于来了，建国者已经将沼泽地里的水排干，种上橘子树；而且，橘子树已经成长为今天的创业公司和芯片设计师，这是一脉相承的。

今天的企业家能明显地感觉到这种改变的牵引。虽然建国者深受社会主义思想的熏陶，反感利润之类的东西，但是现在“有了一种合法的方法来获得利润，因为你是在创造某种东西”，以色列顶级企业家艾瑞 · 马格利特说。“你不是简单地交易货物，也不是个财务人员。你在为整个人类做事，你是在发明某种新药或者新的芯片，感觉像是个falah（阿拉伯语，意为‘农民’），一个懂得高科技的农民。你穿着朴素的衣服，和自己在军队的伙伴一起，谈论生活之道——不一定非得是你能挣多少钱这样的话题，虽然看上去总是与这个有关。”对于马格利特来说，创新和科技就是21世纪版的回归土地。“新的开创性的犹太复国主义者是指那些进行创造和创新的开拓者。”他说。

事实上，今天的以色列之所以能够如此强大，是多种因素交织的结果：建国者的爱国主义、使命感、短缺意识和灾难意识，以及以色列和犹太人骨子里的好奇和逍遥自在的秉性。佩雷斯说：“犹太人最大的传统就是不满足，这对于政治来说或许不是好事，但对于科学来说绝对是好事。”

提及犹太人和以色列的情况，佩雷斯说：“任何时候只要你想改变，那就去改变。”这一点在我们采访的以色列国防军军官时得到了验证。佩雷斯说：“每一项从美国来到以色列的科技，到达军队5分钟后，就会被改造。”同样的事情在以色列国防军之外的世界也会发生——永不知足的改进、发明和挑战。

这种精神可以追溯到以色列建国之时。这个现代国家的创始者们——或者说是国家企业家，想要建立的是世界历史上第一个，也许可以称做是“创业的国度”的国家。

当然，也有其他许多国家是从零开始，随着殖民国对殖民地的划分而产生的。以邻国约旦为例，1921年温斯顿 · 丘吉尔协助哈希姆家族建立了约旦哈希姆王国。

其他国家——如美国的成立，纯粹是一个创业或者说革命的过程。而英国、法国和德国的出现则经历了几个世纪缓慢的民族融合。总的来说，没有一个国家是像以色列这样，依靠有意识的努力，从零开始把一个古老的民族重新塑造成了一个现代化的国度。

当然，也有一些现代化国家，它们的历史可以追溯到某个古代的王朝：意大利可以追溯到罗马，希腊追溯到古希腊，而中国和印度人生活的地方已经有几千年的历史。但是，在所有这些国家中，要么是古老的传统依然禁锢着现代化的国家，从未完全失去其对领土的控制，要么是古老的传统完全消失，再也看不到踪影。

那么这本书谈论的核心问题的答案究竟是什么呢？是什么让以色列具有如此强大的创新能力？最明显的答案是集群效应——哈佛大学教授迈克尔·波特的著名理论，同时体现在硅谷模式之中，也是迪拜一直在努力追求的。集群由高密度的名牌大学、大型企业、创业公司组成，还有将它们联系在一起的生态系统——包括供应商、大学、大量的工程师人才以及风险资本。在以色列集群中比较明显可见的一部分角色是：军队投入大量研发资金用于发展尖端科技，培育精英科技部门，也正是因为这些实质性的投资，大量的科技和人才资源溢出到了民用经济领域。

但是这些表面的原因还不能充分解释以色列成功的真正原因。新加坡有强大的教育系统；韩国也有征兵制度，同样是自从成立以来便面临着巨大的安全威胁，芬兰、瑞典、丹麦和爱尔兰都是相对较小的国家，有先进的科技、优良的基础设施和众多的专利，也曾经历过高速的经济增长，甚至有些国家经济增长速度比以色列还快，持续时间也更长，国民生活水平也更高。但是它们都没有和以色列数量相当的创业公司，也没有能够吸引到和以色列数额相当的风险资本投资。

昂蒂·维尔帕纳（Antti Vilpponen）是一位芬兰的企业家，他创建了一个网站ArcticStartup.com，致力于促进“创业运动”。芬兰是全球最大的科技公司之一手机制造商诺基亚的总部所在地。以色列人在提到芬兰时常会扪心自问："我们的诺基亚在哪里呢？"他们想知道为什么以色列没有像诺基亚这样大规模的成功的科技公司呢？但是，当我们向维尔帕纳问及芬兰的创业情况时，他的沮丧几乎是不言而喻的："芬兰取得了很多科技专利，但是却没能把它们利用到创业这种形式上来。在芬兰，创业公司的初期投资大约在30万欧元左右，以色列创业公司的初期投资是它们的10倍左右；同时，以色列创业公司的数量也是芬兰的10倍左右，创业公司的周转率也更短、更快。我相信未来我们肯定会有大幅增长，但是目前来看在培养创业文化方面，我们的确远远落后于以色列和美国。"

以色列引起人们关注的常常不仅仅是创业公司数量多，它也同样拥有创业公司的高周转率，这一点在维尔帕纳看来可以称做是一种资产。有一点可以明确，那就是以色列拥有其他国家——包括那些被认为竞争力很强的一些国家想要拥有的东西。它们想要的不光是表面的那些现象，像芬兰、新加坡、韩国，以及迪拜（从某种程度上说）已经拥有了这些；集群最关键的因素不在于缺失以创新为根基的创业公司，他们真正缺失的是这些表面现象之下的更深层次的东西，是各种学科、领域之间的大胆融合，是良好的团队合作意识，是独立更是联系，是以小的形式存在、却有大的发展目标，是基于这一切的文化核心。

要想真正触及一个经济体中隐藏的文化部分是件很难的事，但是一项由众多教授对53个国家的文化进行的研究可能会对我们有所帮助。这项研究根据3个对工作环境产生特别影响的指标，对这些国家进行了分类。这3个指标分别是：追求等级还是主张平等，独断专行还是培养人才，个人主义还是集体主义。

关于以色列，研究显示的结果有些不同寻常。正常来说，像以色列这样的国家，公民的个人主义倾向都比较明显，那么相应的对人才的培养就应该比较欠缺一点；个体的人雄心勃勃，那么团队合作精神可能就弱一点。另外，大多数也会觉得像这样一个“精英”为首的社会可能会更注重等级制度。然而事实却是，以色列在个人主义、人才培养和追求平等上得分都很高。如果以色列人是富有竞争意识和侵略性的，那么他们怎么还能做好“人才培养”呢？如果他们都是个人主义者，那么这和反对等级、追求平等又是如何共存的呢？

关于以色列，你可能觉得个人意识和平等，雄心勃勃和集体主义这些特性组合在一起看起来很矛盾；但是，只要想到这么多的以色列人都在军队历练过，你会觉得这一切也就合情合理了。在部队，他们懂得了必须完成自己的任务，而完成任务唯一的方式就是组成一个团队，战斗的口号是“跟我来”。如果不是言传身教，没有人会跟随你的领导，如果不去激励自己的团队，没人会和你一起向前冲，你不能让一个人掉队。你几乎不可能居高临下地去指挥谁，士兵期望你临场发挥，尽管有时候这样做意味着要打破规则。如果你是一名初级军官，你可以直接称呼上级的名字；如果你发现他有什么做错了，也大可直言不讳地告诉他。

如果你在高中时期便表现突出，具备很强的领导能力或者学习成绩非常好，或者这两者兼而有之，那么你早晚会被国防军的精英部门抢去，然后他们会通过高密集度的培训以及最具挑战性的在职工作经历来增强你的能力。在战斗中，你会负责十几个人和数百万美元的设备，很多时候必须在一两秒之内就作出生死攸关的决定。在精英科技部门，你要负责尖端系统的研发项目，这些经历所带给你的知识和经验是那些在私营企业工作、比你年长两倍的人也许都不曾有的。

当你离开部队想要自己创业时，只要有合适的想法，你需要做的也就是打个电话而已。每个人都会认识一两个企业家，或者是家人、同学，或者是部队里的战友，他们会给你提供帮助。你只要打个电话或者发一封邮件，这些人便可联系到。即便是很冒昧的电话也是可以接受的，但是几乎不存在冒昧之说，几乎每个人都可以通过某种关系找到能够帮助自己的人。

最重要的是，成立一家创业公司或者进军高科技领域已经成了雄心勃勃的以色列年轻人最受尊崇，也是最“正常”的一种经历。一位传统的以色列母亲可能更想让自己的孩子成为一名医生或者律师，但是儿子或者女儿如果是一名“企业家”，她们至少也会感到自豪的。在大部分国家，创业多少只是一小部分人的经历，而在以色列这几乎成了标准的职业道路中必走的一步。尽管所有人都知道，即使是在以色列，创业成功的概率也是很低的；但是只要尝试过，努力过，失败也是好的。成功固然是最好的结局，失败也并不是污点，至少它会成为你简历上很重要的一段经历。

以色列成功的秘密在于，结合了技术相关的顶尖因素和以色列独有的一些因素，两种因素的结合提高了以色列的个体的技能和经验，使他们作为一个团队更加有效地一起工作，在一个日益稳定的区域内提供紧凑的、便捷的各种可利用资源。外界很多人看来，这是在回避本质的问题，如果以色列成功的“秘诀”仅仅只能局限于以色列，那么其他国家可以从中借鉴些什么呢？

幸运的是，以色列的专长是创新，你没必要向以色列学习如何才能从它的创新中受益。和石油或水等自然资源不同，思想是可以传播的，只要有合适的位置可以发挥它的作用，哪个国家都可以从中受益，不管它的发明地在哪里。乔治 · 萧伯纳说：“如果你有一个苹果，我有一个苹果，我们交换，那么你和我仍将各有一个苹果；但是如果你有一个好主意，我有一个好主意，我们交换这些想法，然后每个人都会有两个好主意。”

从本质上来说，创新是一种无限资源，能自行传播，几乎每个公司都想在其传播的过程中获得最大化的利益。很久以前，那些大企业就已经发现，要想受益于以色列的创新，最简单的办法就是购买以色列的创业公司，或者在以色列成立研发中心，或者双管齐下。这个日新月异的世界和资源开放运动告诉我们，对于跨国企业来说，几乎没有必要去复制一个国家在制造、创新或者区域市场准入方面的竞争优势了。

也就是说，大部分大型企业都明白，在全球市场上，只有改变是永恒不变的，每个人都应该知道如何创新。进一步说，有些国家和企业只能利用别人的发明创造，而有些国家和企业的优势就是发明创造。

如此说来，模拟“以色列式”环境并非不需要。英特尔的多夫 · 弗罗曼就发现，即使是在以色列，这样做也是很有必要的。弗罗曼最初为英特尔以色列分公司准备的标语是“危机中最后关闭的英特尔工厂”，后来雇员们认为这个标语太消极了，于是他将其改成 “以成功求生存”——意思是目标是成功，但是动力是生存，而这从来没有被认为是理所应当的。对弗罗曼来说，一个大型企业成功的关键就在于“保持创业时期的忧患意识。”

同样的道理，企业也不能拷贝战场和以色列国防军科技部门的环境，但是却能模拟培训的内容。以色列国防军精英科技部门最重要的方面不是教授科技知识，也不是宣扬创新意识，前者是直接可以获得的，后者士兵已经充分具备。以色列国防军绝大多数的培训都是以任务为导向的，把一个个的任务不断地抛给培训对象。为什么企业不能进行如此高密度、以任务为导向的培训呢？

其他民主制国家或许不能像以色列这样实行强制或义务兵役制，在年轻人进入大学之前，便给他们以充分的锻炼，让他们掌握领导力、团队工作、以任务为导向的做事技能，获得充足的经验。以色列的义务兵役制对于提高整个社会的团结度很有帮助，同时也培养了人们服务于自己之外的更大的群体的意识，比如家庭、社区、公司或者整个国家。

对于任何一个国家，或者对于这个世界来说，不断的创新带来的利益是巨大的。研究“新增长理论”的著名经济学家保罗·罗默（Paul Romer）指出，美国在1870~1992年的平均增长率为1.8%，比英国高出0.5个百分点。美国“历史上曾有过创建科研机构以争取更多创新成果的先例”，罗默认为美国“应该再进行一次这样的提高”。

如果美国能将自己的平均增长率提高0.5个百分点，也就是平均每年增长2.3%，那么到2050年，美国的人均收入将比按现在的这种增长速度高出2 500美元。

这个看似很小的改变带来的影响是巨大的，它会让现在美国人“面临的许多问题迎刃而解，无论是按时履行医疗保健的支付约定，还是保护环境，又或者在工作之外的时间可以获得更多可供支配的资源，比如在养小孩期间，或者休长假期间”。

在罗默看来，要想实现这种改变，最关键的就是创新。他认为对在校或者已经毕业的学生进行的科学和工程方面的研究进行补贴，将有利于促进经济的发展。另外，“便携式奖学金”制度，即可随学生到任何机构的奖学金，会鼓励实验室负责人或者教授们关注学生的职业和研究需求，而不仅仅是他们自己的。

罗默指出增长和生产力上的巨大飞跃是“超级构想”的结果，它能造就新的一代，能传播思想。专利和版权就是英国在17世纪创造的一个关键的超级构想，同样的还有美国在19世纪引进现代研究型大学，20世纪引进同行竞争性研究资助体系。

“我们不知道下一个如何有效支持观点的重大的思想将会是什么，也不知道它会出现在哪里。”罗默写道，“但是，有两点可以确定：第一，领衔21世纪的国家，将会是在私人部门实施创新，并有效支持新思想的形成的国家；第二，类似这样的新的超级构想将会形成。”

和佩雷斯总统的会面进行了一个半小时之后，结束的时间到了，他日程表上的下一个会面要开始了。这时我们打算起身告辞。正当我们站起来要和总统说再见时，他打断我们说："你们为什么不等一个半小时之后再回来，我们继续聊呢？"所以我们又回来了。佩雷斯总统查阅了下一年度对企业家和政策制定者的一些文件，然后说："先不管那些老行业，我们将会大力开拓5个新行业——新能源、水利工程、生物科技、教育设施（教师比较短缺）以及防御恐怖分子的国家安全工程。"纳米技术研究对获得资金有帮助，佩雷斯预测它会先于5个新的行业和其他行业获得发展。

我们不能确定佩雷斯选择的行业是否正确，但这并不是关键所在。像他这样已经85岁高龄，却依然大胆地去构思和提倡新的行业，正如我们在以色列社会以及以色列的历史中看到的，开拓和创新的动力已经融为一体。这种动力源于一种本能的认知：21世纪每个发达国家面临的最大的挑战就是成为思想的工厂，不仅要生产思想，还要利用别人生产的思想。以色列是目前全球最重要的思想工厂之一，为未来"超级构想"的产生提供线索。创新的发生是多种过程、多个层面协作的结果，从团队到公司，到国家，再到整个世界。许多国家在大型公司层面上能够做到控制这个创新过程，但是在冒险精神、动态经济体和创业公司却不常有。总之，以色列有许多需要向世界其他各国学习的地方，其他国家也有需要向以色列学习的地方；无论是谁向谁学习，就像佩雷斯告诉我们的，最谨慎的方式就是放胆一试。

致　谢

2001年4月，我们俩在长时间的讨论之后，决定着手写这本书。当时，丹带着28位哈佛商学院的同学来到以色列，目的是考察以色列的经济、政治和历史。当时的以色列充满着巨大的商机，同时，由于和平进程的失败，也使危险升级。

这些学生中，几乎没有一位与以色列有任何关系——实际上，其中只有3位是犹太人。他们来自不同的国家：英国、美国、加拿大、西班牙、意大利、葡萄牙和印度。周末时，许多人问了同样的问题：这些创新和创业精神到底从何而来？

我们这才发现，没有合适的答案来回答这个问题。

此后的几年，索尔为《耶路撒冷邮报》撰写社论讨论以色列经济，而丹则几乎每隔三个月就到以色列来投资新兴公司和探亲。随着丹一次次与某位令人印象深刻的以色列企业家会面，或是索尔重点报道某个人，我们的好奇心越来越强。

我们本以为会有某本书能够解释如此充满活力的崛起景象，而且这一景象看来不受社会安全因素的影响。然而却没有。因此，我们决定写一本这样的书。

我们想感谢那些一路上帮助我们的人。我们要特别感谢 Twelve 出版社的创始人及骨干乔纳森·卡普，因为他是图书世界真正的创新者。他每年只出版12本书，是典型的专心致志的投资者。乔纳森教会了我们很多东西，其中最重要的就是少议论，多叙事。

卡里·戈德斯坦充满活力和创新地深入研究对这本书感兴趣的读者群体，以及如何让读者了解到这本书。科林·谢泼德在本书制作的整个过程中都十分严谨细致，反复提醒我们截止日期。多萝西娅·哈利德在审稿阶段极富耐心。还有Twelve出版社的其他员工，如劳拉·利·廷科、安妮·托梅、汤姆·哈特利和吉罗德·罗伯，都给我们提供了很大的帮助。

与我们的代理爱德·维克托合作是个愉快的经历。他直接大胆地提出建议，其他方面他也是如此。顾问唐·爱普斯坦和阿尼·赫尔曼也十分可靠。

美国对外关系委员会是该领域罕见的、真正独立的研究机构，有着特殊的地位。能在这里有一个家，丹感到很荣幸。美国对外关系委员会会长理查德·哈斯马上就被我们打算写一本有关以色列经济的书这一想法所吸引。他提出了很多重要的见解，并且帮助我们从美国对外关系委员会的学者和成员中获得很多专家见解。我们还要特别感谢美国对外关系委员会的伊莎贝尔·科尔曼——她是即将出版的新书《天堂就在她脚下：中东女性与改革》（兰登书屋）的作者，感谢她与我们一起分享她的意见。我们还要感谢美国对外关系委员会前成员盖瑞·萨默尔，感谢他早期提供的指导；还有美国对外关系委员会研究部主任吉姆·林赛，感谢他就如何改善原稿提出若干重要建议。美国对外关系委员会的员工是我们打过交道的所有私人部门、学术机构和公共部门中最为专业的工作人员；我们还想特别感谢亚尼内·希尔，感谢她的耐心帮助；还要感谢莉莎·希尔兹和她的通信小组。

本书的部分内容写于耶路撒冷兼收并蓄的范利尔研究所（Van Leer

Institute)，研究所聘用索尔为图书馆研究员，为本书作出了不可估量的贡献。我们感谢加布里埃尔·摩兹清主任，感谢图书管理员雅法·温卡登和保罗·毛雷尔，感谢他们的大力协助。

我们非常感谢勤劳和创新的研究助理小组：米甲·卢因–艾普斯坦是我们在美国对外关系委员会的主要研究员；达尼·吉尔伯特在美国对外关系委员会与我们共事了一个暑假，后来在伦敦政治经济学院学习期间还继续为我们作兼职研究；乔舒亚·克拉姆在担任希拉里·克林顿的总统竞选顾问之后，也加入我们的团队；塔利亚·戈迪斯带来了她在以色列国防军情报部门的工作经验；美国对外关系委员会的伊恩·米奇和安东·奥恩斯坦在项目开始的时候也帮助了我们。

我们采访了很多来自阿拉伯国家的人，包括我们的一名研究人员也来自阿拉伯国家，但我们尊重他们的匿名要求；我们对他们所作的贡献非常感激。

我们的朋友，前8200部门成员之一的朱迪·海布卢姆来自斯特林·罗德文艺出版社，她快速精巧地对原稿结构提出了重要建议。

我们感谢所有阅读过原稿的家人和朋友：你们敏锐和坦诚的反馈让我们重新开始写作。我们要特别感谢达恩·艾伦、斯蒂芬·贝克尔、马克斯·布特、保罗·布雷默、里德·狄更斯、谢恩·多尔金、乔纳森·埃利希、安妮特·福斯特、马克·格尔森、亨利·戈麦斯、阿兰·伊森伯格、特里·卡塞尔、罗杰·马雷罗、罗马·马丁内兹、吉姆·米勒、乔希·欧佩罗、马特·里斯、海伦·塞纳、苏珊娜和马克思·辛格夫妇、安德鲁·福格尔和皮特·维纳，感谢他们在时间压力相当大的情况下从头到尾阅读了原稿。

黛尔和比尔·费尔班克斯夫妇（丹的岳父岳母）在他们的佛罗里达州彭萨科拉艺术工作室为丹提供了安静的写作场所，到出版商规定的截止日期之前，一直照顾他的饮食，长期关心他，使他能够集中精力写作。

在写这本书的时候，丹的朋友和商业伙伴都非常耐心。我们要特别感谢德文·阿切尔、丹·伯勒尔、戴维·法夫、克里斯·海因茨和珍妮·斯坦。虽然保罗·辛格没有因本书被直接采访，但是他教了我们很多宏观经济学的知识，而他自己一直还没有意识到这一点。他有关创新经济学的鲜明观点对我们在构思本书的后危机全球经济方面产生了深远影响。

我们为这本书采访了百余人，感谢他们贡献的时间和智慧并祝福他们。特别是名人堂以色列风险投资商伊莱·巴尔卡特、依盖尔·埃利希、亚丁·考夫曼、埃雷尔·马伽利特、乔恩·米德维、开米·佩雷斯、约西·瓦尔迪，他们在我们开始着手写这本书前，就一直生活在这个崛起的国家中，讲述着这个国家的故事；他们是我们的向导。尤其是乔恩·米德维，在有人了解这个国家之前将以色列经济领向世界。还有很多人在百忙之中挤出大量时间接受我们的多次采访，他们是夏嘉曦、塔尔·凯南和斯科特·汤普森。艾萨克·“伊茨”·阿普勒鲍姆和艾伦·费尔德甚至不怕麻烦地“随时待命”。希拉·沃罗斯基·魏斯教授和肯恩·帕克在早期也给过我们帮助。

很多美国公司在以色列都有业绩超群的分公司，确实了解这个崛起的国家。三家位于以色列和硅谷的公司的现任或前任领导人特别为我们敞开了大门，提供了便利：我们要感谢谷歌的埃里克·施密特、戴维·克莱恩、约西·马提亚斯、安德鲁·麦克劳克林和约勒·马里克；我们要感谢英特尔的萨缪尔·艾登和浦大卫；我们还要感谢思科的迈克尔·拉奥尔和约阿夫·萨默尔。

里昂·维斯提耶关于犹太人历史与现代以色列民族精神之间的关系，向我们提供了充满智慧的见解。

丹在参议院移民委员会的前同事斯图尔特·安德森，对移民改革深有研究。他也为本书就移民改革这一主题分享了重要的研究成果。

我们要感谢以色列总统西蒙·佩雷斯，他在办公室接见了我们，并与我们交谈了半个工作日。他不仅给我们提供了他这个中心角色对整个以色列历史跨越的独特见解，而且他在85岁高龄，还身居高位，为推出全新的产业而忙碌。我们还要感谢以色列总理本亚明·内塔尼亚胡，虽然工作繁忙，他在2008年时仍然为我们抽出了大量时间。

我们在比较美国经验与以色列经验，分析差别时，也得到了美国军方领导人的帮助。我们要特别感谢约翰·阿比扎伊德将军（退役）、杰克·基恩将军（退役）、马克·金米特将军（退役）、戴维·彼得雷乌斯将军、H·R·麦克马斯特将军和吉姆·纽博尔德将军（退役）。

从我们开始写这本书的时候，我们的妻子，坎贝尔·布朗（丹的妻子）和温迪·辛格（索尔的妻子），就经常参加本书的日常讨论，每次截止日期到来的前几周，都是她们首先进行处理。

在我们写提案的两周前，坎贝尔生了丹的第一个儿子埃利。而就在我们完成终稿前，她又生了第二个儿子阿舍，两次都是在她忙于照顾家人的混乱期间。温迪带着女儿们——诺亚、他玛和亚丁——旅行一周，为索尔在截止日期前腾出空间。这三个女儿欣然接受关于以色列最新发明的故事，让我们兴奋不已。

本书很大程度上依赖于坎贝尔和温迪的批评和建议，如果没有她们这两位能干的鉴赏家，本书就不可能完成。为此，我们将本书奉献给她们。

我们也将本书奉献给吉姆·塞纳（丹的父亲）和亚历克斯·辛格（索尔的哥哥）。

吉姆曾在伊朗协助组织犹太社区，后来他在魏茨曼科学研究所工作，并在那里起草了具有开拓性的太阳能方案相关材料。就在1985年，镜场奠基前的几个月，吉姆去世了。这个镜场现在还作为研究设施被使用。

1987年9月15日，正值25岁生日的以色列国防军中尉亚历克斯·辛格乘坐直升机前往黎巴嫩，拦截开往以色列的恐怖分子；他在营救被击落的连长时遇害。许多不认识他的人在阅读了他的《亚历克斯：创建生活》这本书信、日记和艺术作品文集之后，都被他生命中的欢乐和激情而鼓舞。

吉姆和亚历克斯的工作是这个故事的一部分。我们真希望能得到他们的指导，能与他们分享这个创业的国度的成就和惊喜。